# A Queda da Bastilha

## O Começo da Revolução Francesa

COLEÇÃO JUBILEU

Bicentenário da Revolução Francesa

Guy Chaussinand-Nogaret

# A Queda da Bastilha

## O Começo da Revolução Francesa

*Tradução:*
**Lucy Magalhães**

**Jorge Zahar Editor**
Rio de Janeiro

Título original:
*La Bastille est Prise —*
*La Révolution Française commence*

Tradução autorizada da primeira edição belga
publicada em 1988 por Editions Complexe, de Bruxelas,
Bélgica, na coleção "1789 — La mémoire des siècles"


Jorge Zahar Editor Ltda.
rua México 31 sobreloja
20031 Rio de Janeiro, RJ



Capa: Gustavo Meyer; ilustração: *Queda da Bastilha*,
Prieur (Museu do Louvre)
Impressão: Tavares e Tristão

ISBN: 2-87027-249-9 (ed. original)
ISBN: 85-7110-062-4 (JZE, RJ)

# Sumário

# Um símbolo ambíguo

De todos os acontecimentos que desfilam no palco da lembrança nacional e habitam a memória coletiva, a Queda da Bastilha é talvez o que contém a maior carga emotiva e simbólica. O 14 de julho de 1789 poderia ser apenas a data fortuita de um motim parisiense, na tradição dessas "comoções" populares tão freqüentes sob a monarquia, e a queda insignificante de uma fortaleza desativada. Se esse dia se tornou um tempo original e mágico, se assinala o começo de uma nova era e o marco sagrado das efemérides da liberdade, é porque foi investido de significados alegóricos e porque a mitologia que o cerca construiu-se espontaneamente ao mesmo tempo que as pontes levadiças foram destruídas. Primeira etapa da profanação do mistério monárquico, a Queda da Bastilha, que envolve diretamente apenas um punhado de homens, os "vencedores" da Bastilha, toma imediatamente as dimensões de uma epopéia em que os novos tempos, portadores do devir nacional, abatem sem combate a hidra de uma história de opressão e arbitrariedade para sempre terminada. Simples episódio de um longo processo de sedição, sofre instantaneamente uma transposição que o reveste de sacralidade: o acontecimento, vivenciado e interiorizado como modelo de ação libertadora, funda a nova era em que a História se confunde com a Liberdade. Por isso, a Bastilha, espelho refletor do Mal, remete seus vencedores — sinédoque da Nação — ao princípio de sua servidão. Doravante, não se trata mais de destruir uma cidadela mas o regime que esta simbolizava: passou-se da rebelião à política, da revolta à revolução pela condensação instantânea da tempestade acumulada pelos conflitos internos e as especulações do Século das Luzes.

Imaginemos a Bastilha tomada em outros tempos, cinqüenta, vinte anos mais cedo: tudo não passaria de um motim — desepero, cólera ou fome, revolta de campônios contra a ordem dos homens de bem. Em julho em 89, a rebelião de um subúrbio de Paris contra uma prisão mal guardada provocou uma mudança de regime e consagrou o batismo de uma nova concepção da soberania.

É porque vários fatores se conjugam para dar a um acontecimento menor o caráter e a força de um símbolo, e transformar um fato banal em façanha que repercute no mundo inteiro. A Queda da Bastilha se inscreve como fenômeno significativo, como mito e alegoria, numa progressão secular da qual é ponto culminante. O século XVIII foi atormentado por uma crise de identidade que afetou, em graus variados, os diversos estratos da sociedade, e fez nascer, através dos conflitos que atravessaram a sociedade e o poder, a consciência de uma história nacional e a revelação da *Nação,* conceito que agora substitui o de *reino,* e que tende a erguer um novo personagem contra sua encarnação mística e formalmente recusada: o rei. A Queda da Bastilha, acontecendo ao fim de uma evolução que se precipitou nos anos que precederam imediatamente o de 1789, revela a Nação em sua existência concreta — revolta e vitória. Vencido o absolutismo em sua representação ao mesmo tempo material e mágica, resta apenas despojar o rei e seu regime dos atributos constitutivos da Nação enfim revelada. As insígnias do poder lhe serão deixadas, mas a realeza por direito divino se transformará em magistratura constitucional. A autoridade lhe será em grande parte tirada e passará à Nação através de suas elites representativas, que, por meio do regime censitário, reservarão para si os despojos da soberania. Todas as vitórias conquistadas à autoridade real serão outras tantas Bastilhas que a Nação tomará ao monarca, enquanto a massa camponesa, excluída do poder, terá também seu 14 de julho, o 4 de agosto, quando atacará, no medo e na confusão, a Bastilha senhorial.

Um século de reflexão, de contestação, de audácia intelectual e desafios lançados pelas forças do imobilismo contra o formidável impulso de um individualismo progressista que nenhuma pressão consegue sufocar, minou a confiança nas instituições que agora só aparecem como obstáculos ao desabrochar de um organismo em pleno crescimento, e o próprio poder, assediado pela dúvida, desconfia de sua legitimidade e intervém tão frouxamente quando a revolta estoura, que sua ação equivale quase a uma aprovação do fato: o rei e seus ministros aguardam como espectadores o resultado do combate para pronunciar-se, como se a confiança em seus recursos e em seu direito os tivesse abandonado. A formidável presença, em Versalhes, da Assembléia Nacional, que desde sua reunião resiste à vontade monárquica, parece autorizar com seu exemplo os amotinados de Paris. E que fazem estes, senão voar ao socorro desta Assembléia ameaçada e a ponto de sucumbir? O que ela não pode obter por vias legais, o povo o traz pelas armas e pela violência.

E é isto que confere ao 14 de julho seu caráter exemplar e sua ambigüidade. A Assembléia só pode submeter o rei e assegurar sua salvaguarda pela intervenção popular. Mas a vitória do povo dirige a revolução para o caminho da insurreição permanente. Doravante, a cada vez que a legalidade for obstáculo à sua vontade, ou aos desígnios daqueles que o manipulam, o povo recorrerá à insurreição: primeiro contra o rei e, eliminado este, contra a própria Assembléia.

A Queda da Bastilha inaugurara a revolução da liberdade: afirmação dos direitos humanos, igualdade de oportunidades em condições de honesta concorrência, garantia dos bens e das liberdades do cidadão. As elites, que a tinham iniciado, dela também se beneficiaram. A partir do momento em que a resistência do rei acarretava a radicalização, a revolução, que temia, mas não podia dispensar a participação das massas excluídas, devia mudar de direção; de política tornar-se social e tender progressivamente para a subversão de todos os princípios que inicialmente a tinham deflagrado. Viu-se então que o 14 de julho fora apenas um modesto ensaio geral e que ainda restava tomar uma outra Bastilha: aquela que mantinha prisioneira a igualdade, novo deus despótico ao qual a revolução deveria sacrificar uma geração nascida do sopro da liberdade.

# O regime em questão

A partir da morte do Rei-Sol, em 1715, até a crise de 14 de julho de 1789, o estado da opinião pública se modificara profundamente — de fato, a opinião pública, inexistente enquanto o palácio real fora o único lugar em que se formavam as opiniões, nascera quando a Regência de Filipe de Orléans transportara o poder de Versalhes para Paris — e a situação do regime monárquico, geralmente sintetizado no termo "absolutismo", tinha-se lenta e desastradamente degradado. A monarquia mítico-solar de Luís XIV, rei de direito divino, taumaturgo revestido de poder teoricamente ilimitado, dando conta de seus atos exclusivamente à sua consciência e não admitindo nenhum controle senão o de Deus, fora questionada e abertamente denunciada durante cerca de um século de reflexão filosófica e política. A hierarquia social, que graduava as honrarias e os planos de carreira em função do nascimento, fora discutida e contestada. As restrições que atingiam a plebe, os privilégios que reservavam as honras e os títulos à nobreza tinham sido alvo de uma crítica cada vez mais aguda e fundamentada. Ao longo das décadas, precisaram-se duas reivindicações decisivas que ameaçavam igualmente o regime político e a ordem social vigente: o desejo de controlar o poder por meio de órgãos representativos da nação e a exigência de igualdade que permitiria aos talentos e aos méritos, sem exclusão, terem acesso a todos os empregos, conquistarem todas as honras. Era toda a organização social, sobre a qual repousava o sistema monárquico, a divisão discriminatória da sociedade em "ordens", clero, nobreza, Terceiro Estado e povo, de desigual competência e refratárias à emulação, que se achava questionada, que era alvo de uma crítica cada vez mais viva. Enquanto isso, a crise financeira que atingia em cheio o regime e deixava irem as finanças por água abaixo, os sinais de fraqueza do poder, dos quais se aproveitavam os privilegiados para aumentar seu próprio poderio, o mar de lama arremessado à púrpura real pelas campanhas difamatórias, conjugavam-se para desacreditar a monarquia e tornar necessária a convocação dos Estados Gerais, que a monarquia descartara desde 1614, data de sua última reunião. E era previsível que, no estado de fermentação em que se encontravam os espíritos, os rancores acumulados, as ambições contrariadas, a crítica aberta àquilo que parecia agora abuso medieval e intolerável, a própria indecisão do rei e a mediocridade de seus conselhos, tudo contribuiria para dar aos Estados Gerais a audácia e o apoio da opinião pública, a força e os reforços que estes encontrariam em todos os lugares, na própria vizinhança do rei, no clero, numa parte da nobreza, possivelmente no povo de Paris, que o desemprego e a fome haviam tornado vingativo e perigoso.

Da monarquia patriarcal e bíblica tal como a definira Bossuet, tal como a exercera Luís XIV, à monarquia constitucional que 1789 devia impor, o caminho é longo: será necessário, para passar de uma a outra, que a nação tome consciência de seus direitos e que um abalo brutal venha derrubar as últimas resistências.

## *A morte de Luís XIV abre uma primeira brecha*

A morte de Luís XIV, que simbolizara a hipertrofia da função real e a nulidade da Nação, abriu uma primeira brecha, por onde penetrou a primeira afirmação, ainda mais decisiva porque revestia um caráter oficial, dos direitos da Nação. Luís XIV tinha levado às últimas conseqüências o princípio do direito divino no dia em que, libertando-se de toda restrição, transgredira as leis fundamentais do reino, que todos os soberanos anteriores tinham observado. Em 1714, por um ato de "tirania" inédito, fizera declarar seus filhos adulterinos aptos a suceder à coroa de França na falta dos príncipes legítimos. O duque do Maine e o conde de Toulouse, bastardos que tivera de Madame de Montespan, poderiam tornar-se reis! Ninguém ousou protestar, mas, quando o rei morreu, a contestação se manifestou. Um edito de 1717, assinado por Luís XV ainda menor, pelo duque de Orléans, regente, e reconhecido pelo parlamento, revogou as disposições de Luís XIV. Simples querela entre príncipes legítimos e príncipes legitimados? Não! Tratava-se de uma decisão de importância capital. O preâmbulo desse edito condenava, da maneira mais formal, a monarquia de direito divino como a concebera e possuíra Luís XIV, e reconhecia à *Nação* poderes que esse rei lhe negara. Depois de fazer votos de que Deus conservasse herdeiros legítimos para a casa de Bourbon e assegurasse sua posteridade, o texto considerava o caso em que essa esperança seria frustrada e declarava: *Se a Nação francesa sofresse um dia essa infelicidade, caberia à própria Nação repará-la pela sabedoria de sua escolha.*

Assim, ficava solenemente afirmado o direito exclusivo da Nação de dispor da coroa. Era também a primeira etapa de um longo processo que iria conduzir a Nação, em menos de três quartos de século, a reivindicar direitos e poderes cada vez mais extensos.

## *As "Luzes" contra o edifício monárquico*

Ao longo do século XVIII, a reflexão aguçou-se e tornou-se cada dia mais audaciosa. Cada geração das *Luzes* desferiu um golpe no edifício monárquico e abalou-o até os alicerces. Fénelon afirmou que o poder deveria ser limitado pela autoridade das leis, e Boulainvilliers constatou a anterioridade do poder da Nação sobre a usurpação monárquica. Os parlamentares, reduzidos ao silêncio sob Luís XIV, levantaram o princípio do seu direito de controle e da superioridade da lei sobre o rei. Montesquieu elaborou a doutrina da monarquia equilibrada e formulou o célebre princípio dos equilíbrios: *"Para que não se possa abusar do poder, é preciso que, pela disposição das coisas, o poder suspenda o poder."* Enfim, Mably e Rousseau foram ainda mais longe: depois deles, a soberania nacional não foi mais contestada abertamente, o direito da Nação prevaleceu sobre o direito divino dos reis.

Ao mesmo tempo que o pensamento das "Luzes" fazia ressurgirem princípios há muito encobertos pela teoria do direito divino dos reis, o esmorecimento das crenças religiosas, os ataques da filosofia e da ironia racionalista golpeavam a fé secular na Santa Âmbula,* que, pela graça da sagração, fazia do rei uma espécie de sacerdote e taumaturgo e o investia de um poder sobrenatural, transformando-o em uma figura

* Âmbula ou vaso, conservado em Reims, onde se guardava o óleo que servia para ungir os reis de França. (N. da T.)

ao mesmo tempo benfazeja e terrível, à maneira de um destino intercalado entre os homens e Deus. A essa fé ingênua, a chacota respondia agora. Ao poder miraculoso do rei que, no dia seguinte à sagração, curava os abscessos (*o Rei te toca, Deus te cure!*) opôs-se a incredulidade e murmurou-se que essa mágica era só superstição. Esse sinal visível de sua legitimidade divina desmoronou sob o ceticismo geral. Ao recuo do sagrado, acrescentou-se a decadência do homem. Luís XV, rei letárgico mas inteligente, tolerante mas com excessos de autoritarismo, desiludido mas apreciador das mulheres, provocou a hostilidade e depois o ódio de uma sociedade libertina que escondia sua devassidão sob o ar hipócrita da virtude ultrajada. Por ter elevado mulheres — algumas indignas — à proximidade do trono, rebaixou o trono ao nível das meretrizes; entronizando Madame du Barry, prostituta notória, como amante oficial, transformou Versalhes em casa de tolerância, desacreditou sua função, abriu caminho às acusações ousadas, mentirosas mas mortais, das quais a rainha, amanhã, será por sua vez a vítima.

Quanto a Luís XVI, não tinha favorita sobre a qual despejar-se o mar de lama arremessado pelos espíritos impacientes, descontentes e irrefletidos que, por enquanto, só queriam prejudicar e ridicularizar, e que, não ousando ainda insultar diretamente a face real, escarravam na figura da rainha, uma estrangeira cuja liberdade de maneiras e fúteis divertimentos ofereciam motivo de crítica. A inconsciência dos cortesãos, a frivolidade dos ministros, o ciúme dos príncipes e a ironia dos parisienses uniram-se para a mesma obra de calúnia. Panfletos venenosos, indignos (um dos mais violentos tem um título sugestivo: *A vida privada, libertina e escandalosa de Maria Antonieta*), saídos de escritórios suspeitos, do gabinete dos ministros, do cérebro de policiais corrompidos, especialistas em chantagem, arrastaram a rainha na lama, macularam sua reputação, fizeram dela uma Messalina chafurdando na luxúria e na orgia sua dignidade de rainha, e na libertinagem desavergonhada sua qualidade de mãe e esposa. As maiores autoridades do reino, o parlamento de Paris colaboraram para essa infâmia. No *Caso do Colar,* os magistrados libertaram o imbecil que comprometera a rainha por credulidade e ambição, deixaram pairar as mais injuriosas suspeitas sobre Maria Antonieta e regozijaram-se com a humilhação do trono da qual eram os primeiros responsáveis e da qual serão as primeiras vítimas. Um deles exultou e, exprimindo o sentimento de muitos de seus pares, traduziu sua alegria em termos insultantes: "*Grande e feliz processo! Um cardeal escroque, a rainha implicada num caso de falsificação!... Quanta lama no báculo e no cetro! Que triunfo para as idéias de liberdade!*" O respeito, última defesa contra a audácia, estava agora perdido. A rainha comprometida, as imundícies descarregadas sobre a mãe do Delfim, a coroa vilipendiada, conspurcada, o que restava da monarquia, que ainda pudesse deter a onda destruidora que avançava?

Enquanto os radicais prosseguiam sua obra de solapamento e o desprezo se elevava em torno do trono, desenvolvia-se paralelamente uma atmosfera de prodígios, suscitados por charlatães, transformados em ídolos pela moda, que profetizavam o advento de uma era de felicidade e a iminência de grandes convulsões. Misturando o esoterismo maçônico, as curas milagrosas, a espera escatológica de um futuro de felicidade, Mesmer, Cagliostro e seus êmulos anunciavam a esperança da cura dos corpos e das almas e a profecia simbólica da felicidade, facilmente transportável para o plano político, porque a regeneração astral e a mágica dos corpos é facilmente prolongada pela fé na regeneração do organismo político e social. Enxertado em uma insatisfação difusa mas geral, o sucesso do irracional numa sociedade desmoralizada secundava os esforços dos "filósofos" e impunha a idéia de que o regime e a sociedade deveriam sofrer profundas mudanças e que a hora da "regeneração" estava próxima.

## *A crise de identidade da sociedade francesa*

A sociedade francesa era na realidade presa de uma crise de identidade sem precedente que se manifestava pelo questionamento da hierarquia, até então aceita ou suportada sem resistência, e pelo desejo de romper as solidariedades paralisantes das ordens. O individualismo, sufocado por uma organização social coercitiva, pelas estruturas profissionais e pela influência da religião católica, desenvolvia-se à medida que se precisava a recusa das comunidades bloqueadas impostas pelo Estado, a Igreja, as relações sociais. A rejeição das ordens, das diferenças e das restrições que resultavam de sua existência, a descristianização ou mais exatamente a descatolicização das consciências, a difusão das "Luzes" nas camadas mais extensas da população, caminhavam no mesmo sentido que os efeitos da prosperidade dos quais se beneficiavam as classes médias: suas ambições aumentaram à medida do crescimento de sua fortuna e de seu acesso à cultura, do reconhecimento de sua competência, de sua impaciência de obter prestígio social, empregos qualificados e assumir responsabilidades. As elites do Terceiro Estado, quase sempre preteridas por uma nobreza que só conservara, de sua antiga superioridade, pretensões e privilégios, tinham necessidade de que o individualismo se tornasse o fundamento da lei da organização social para que se abrisse a via da emulação e da competição que permitiriam ao mérito satisfazer todas as suas ambições e realizar suas esperanças.

No fim do Antigo Regime, uma espécie de febre apoderou-se dessas classes burguesas ricas e confiantes em seus talentos, cuja pressão se exercia de baixo para cima com uma autoridade e uma vontade de sucesso difíceis de reprimir. Uma idéia nascia e progredia sem que nenhuma resistência eficaz conseguisse detê-la. Essa idéia, há muito enraizada na consciência francesa e que séculos de silêncio pareciam ter aniquilado, ressurgia no contexto do século XVIII, como um conceito novo, inevitável como o próprio direito natural: a igualdade. Sem dúvida, tratava-se ainda de uma igualdade seletiva. Excluía a massa do povo mas reivindicava também para o dinheiro, a cultura e o talento as mesmas vantagens que o berço oferecera até então.

## *Um conceito novo: a igualdade*

Tratava-se de romper um monopólio, abrir largamente a competição, suprimir as restrições legais que atingiam a plebe, e a sociedade inteira parecia mobilizar-se para o sucesso de um projeto tão contrário aos usos da monarquia e, de certo modo, republicano. A nobreza só opunha fracas defesas a essa maré que conquistara alguns de seus membros e, enquanto estes encorajavam o movimento, a resistência dos demais exasperava o descontentamento e fazia subir a tensão.

Na verdade, a nobreza, principal obstáculo à decomposição da sociedade tradicional, estava dividida e seguia caminhos diferentes. Toda uma parte da jovem aristocracia confraternizava com jovens brilhantes do Terceiro Estado, que ela freqüentava nos salões, nas lojas maçônicas, nas academias, e abandonava, diante deles, todos os sinais de uma superioridade considerada como herança medieval, olhava com benevolência suas ambições e acolhia como exigência natural sua aspiração à igualdade. Muitos desses jovens nobres, dos quais La Fayette era o modelo, tinham feito a Guerra da Independência Americana e trouxeram idéias e costumes que não se ajustavam aos usos e às distinções da velha monarquia, e a vontade de introduzir na França um pouco da liberdade e da simplicidade de além-Atlântico. Não satisfeitos em seguir uma corrente, marchavam à frente e faziam guerra aos preconceitos. Com isso, o regime se abalará. Agiam como estetas sobre o edifício social, com uma elegante desenvoltura, e seu exemplo era seguido pelos desavisados como se fosse um capricho da moda.

Mas, nesse mesmo tempo, atletas vindos do mesmo mundo, mas de estofo mais agressivo, subiam às muralhas com armas mais decisivas. Um d'Entraigues, um Mirabeau, radicais e marginalizados, denunciavam com fúria aquilo que seus pares mais superficiais e mais tímidos se contentavam em ridicularizar, como freqüentadores da corte, mais hábeis no escárnio e na ironia fácil do que na destruição eficaz. Esses homens — muitos deles desclassificados, familiarizados com a ralé, que tinham abandonado suas obrigações, que sua família, seus amigos não reconheciam, numerosos em toda sociedade em que só o conformista pode ser cidadão — que diziam eles tão clamorosamente que ecoava na França inteira? Diziam, com todo o estrépito de sua fama duvidosa e de publicações que figuram entre os *best-sellers* da época, que o rei era um déspota e um falso deus e que a nobreza, que sustentava esse tirano, nascida num foco de corrupção, inimiga natural da ordem pública, era um flagelo que martirizava a França. Acrescentavam que passara o tempo da superstição vergonhosa que divinizava um homem e impunha à nação o domínio desonroso de uma nobreza cujos direitos, privilégios e poderes eram usurpados ao talento, ao mérito e ao valor daqueles que, só eles, têm direito à deferência e ao poder, porque encarnam a substância, a riqueza e a identidade da nação. Nunca, talvez, a dignidade do Terceiro Estado e sua vocação para representar a França foram tão bem exaltadas como por esses trânsfugas da nobreza; nunca, talvez, sua ambição foi tão bem definida como Mirabeau, que dizia, batendo na testa: "*Chegou o tempo de julgar os homens pelo que têm aqui, sob a testa, entre as sobrancelhas.*" Afirmação da qualidade do indivíduo, e da seleção pelo mérito: o Terceiro Estado não pedia outra coisa. Mas a partida não estava ganha.

A hereditariedade reivindicava seus direitos, o privilégio exaltava suas prerrogativas com mais força ainda, já que a oposição se armava de mais argumentos e encontrava, muitas vezes onde menos se esperava, numerosos auxiliares. Entretanto, se o movimento intelectual e social do século parecia coeso em sua vontade de transformação radical, essa unanimidade aparente não deixava de sofrer fortes contrariedades. Um setor inteiro da opinião mais influente, que recrutava seus adeptos tanto no clero como na nobreza, tanto na corte como na administração real, no exército como na magistratura e até entre os elementos tradicionalistas da burguesia, opunha resistência ferrenha a qualquer evolução, e o perigo de deslizar para a reação mais brutal fazia eco a qualquer veleidade de radicalização progressista. É porque, de fato, a pretensão do mérito de definir o perfil das carreiras, a vontade dos novos homens de assumir os cargos de responsabilidade em todos os níveis e de distribuir os papéis em função dos critérios de competência e talento, exclusivamente, chocavam-se com as forças da tradição que só à hereditariedade atribuía e reconhecia virtudes, e só ao nascimento direitos. Muitos eram os que, por interesse ou convicção, acreditavam na legitimidade do privilégio e julgavam bárbaras e subversivas as afirmações dos inovadores, que queriam substituir pelo princípio da competição o princípio da excelência inata, e pelas regras da concorrência a hierarquia das honras herdadas.

## *A "reação aristocrática"*

Enquanto o pensamento dominante apagava nos espíritos aquilo que a distinção das ordens tinha de mais brutal, enquanto os costumes tendiam a anular a distância que separava as primeiras classes da sociedade e o senhor do burguês, enquanto o dinheiro e o talento pareciam abrir agora as mais belas esperanças à ambição, bastaram certas medidas discriminatórias e inabilidades cometidas por alguns representantes aristocráticos da autoridade, movidos pelo hábito da dominação, para que o Terceiro Estado se sentisse humilhado, seu sentimento de exclusão aumentasse e acreditasse na vontade do poder e da nobreza de mantê-lo em posição subalterna e mesmo de retirar-lhe as vantagens de que até então gozara. Os jovens da burguesia tiveram naquele momento a impressão de que o mundo se fechava e Barnave, que se revelaria tão ativo em 89, expressou a opinião de sua geração declarando com uma inpaciência cheia de ameaças: *"O horizonte está fechado por todos os lados."*

A "reação aristocrática", fenômeno recorrente, só teve tal repercussão no fim do Antigo Regime porque surpreendeu uma opinião que se habituara à igualdade e a ver no privilégio apenas uma distinção a conquistar, não um obstáculo à promoção. O texto legislativo de 1781 sobre o recrutamento militar teve o efeito de uma bomba e despertou cóleras adormecidas. Previa que nenhum candidato poderia ter acesso direto à patente sem passar pela tropa, se não pudesse provar ter quatro graus, isto é, quatro gerações de nobreza. Isso equivalia a excluir de uma carreira considerada então como a mais honrosa e prestigiada de todas, ao mesmo tempo que a burguesia, uma fração importante da nobreza. Todo o alto Terceiro Estado, tanto aquele que pertencia ainda à plebe como aquele que tivera acesso à nobreza, há uma, duas ou três gerações, fora atingido por uma restrição que o espírito do tempo considerava como o ressurgimento retrógrado de uma época terminada. Grande inquietação entre os jovens, nos quais a insatisfação, a frustração e a cólera se transformavam insensivelmente em ódio contra os privilégios e o regime, que parecia só funcionar em proveito destes. Da burguesia, o descontentamento desceu ao povo. Os camponeses nutriam uma surda hostilidade contra os privilégios de seus senhores. Os direitos senhoriais pareciam insuportáveis, menos por serem onerosos do que por serem insultantes. A irritação ganhava a França inteira; uma impaciência crescente apoderava-se de todas as camadas da população, ricas ou pobres, rurais ou urbanas. Estas não queriam mais sofrer os encargos que pesavam sobre elas, aquelas sufocavam dentro dos limites estreitos demais em que as haviam encerrado, todas estavam tomadas de um frenesi, onde já despontava a violência, de derrubada e subversão.

O descontentamento nasce da insatisfação, e a cólera das esperanças traídas. Vexames, amor-próprio ferido, bastam às vezes para provocar emoções violentas cujas conseqüências podem ir muito além das previsões. Simples acidentes tomam vulto de provocação e causam incêndios que acabam em revolução. A que grau chegou a susceptibilidade do Terceiro Estado, um simples episódio permite avaliar. Fatos assim repetiram-se mil vezes, sob formas múltiplas, aqui e ali, e provocaram as mesmas reações, produziram nos espíritos os mesmos efeitos. Não se trata, entretanto, de uma cena de comédia, mas tem valor de apólogo e encerra uma moral profunda.

A mulher de um rico burguês de Grenoble, Madame Barnave, mãe do jovem tribuno tornado célebre por sua eloqüência, fora ao teatro com o filho. Havia um único camarote livre, que o administrador da província, o duque de Clermont-Tonnerre, tinha reservado para um de seus favoritos. Não vendo ninguém ali, Madame Barnave o ocupou. O diretor do teatro pediu-lhe que saísse, mas, não sendo atendido, mandou quatro soldados, aos quais ela resistiu. Avisado, seu marido precipitou-se em seu socorro, mas uma ordem do administrador determinou à guarda que usasse a força para desalojar esses campônios recalcitrantes. A platéia se agitava e testemunhava sua simpatia aos Barnave, que se retiraram, não sem denunciar, de modo a serem ouvidos por todos, a violência que lhes fazia o administrador. Toda a burguesia de Grenoble, que assistia ao espetáculo, retirou-se em solidariedade e, quando Madame Barnave chegou em casa, encontrou uma pequena multidão que sentira a afronta feita a um dos seus como uma injúria dirigida a todo o Terceiro Estado.

Este simples episódio, insignificante e quase risível, é revelador; nunca a suscetibilidade popular fora tão sensível e expressara com tanto vigor a recusa de tolerar por mais tempo o capricho dos poderosos, as discriminações humilhantes, a força da autoridade que os permite, e a vontade de abater a arrogância das superioridades de convenção em proveito da igualdade das superioridades reais.

O leque das mágoas que se acumulavam contra o regime político e social alargava-se à medida que os problemas do governo monárquico se multiplicavam e ficava mais evidente aos observadores que o governo esgotara todos os seus recursos, todos os seus expedientes, e que o Estado não evitaria a bancarrota e a ruína sem grandes comoções ou sem aceitar as profundas transformações que a nação esperava e que, sem esta, não poderia realizar. A idéia de uma consulta geral, de um apelo ao povo da França para salvar a monarquia à beira do abismo, crescia, impunha-se, e estava claro que a nação não aceitaria socorrer o Estado moribundo sem exigir compensações.

## *Um Estado fragilizado e um rei impotente*

A situação do reino degradara-se, o Estado fragilizara-se, o rei aparecia em toda a sua impotência, terrível ainda mas já sem defesa, como um leão ameaçador ao qual se teriam limado as garras e serrado as presas.

Com efeito, o rei e sua administração estavam marginalizados pela pobreza em um reino que a elevação contínua dos preços, o aumento da massa monetária e o desenvolvimento industrial e comercial tinham enriquecido; enriquecimento sem dúvida seletivo, que favorecera principalmente os beneficiários da renda imobiliária, os produtores e comerciantes, e evitara cuidadosamente assalariados e pequenos camponeses cujo nível de vida baixara. Mas o próprio Estado não tirara nenhum proveito dessa prosperidade que não recaía sobre o Tesouro. As terras mais abundantes, mais férteis, mais ricas, as dos senhores e as do clero, só pagavam impostos irrisórios em relação a suas rendas, e todos os esforços para submetê-las à lei comum tinham fracassado diante do medo inspirado pela resistência dos privilegiados. Províncias inteiras, nessa França tão diversa em que a desigualdade era institucional, cidades opulentas escapavam parcialmente aos impostos. Ao mesmo tempo, o imposto indireto, que poderia ser a maior vantagem do Estado, não conseguia acompanhar a curva ascendente da circulação e dos negócios. Os privilégios fiscais derrotavam o rei, cujo Tesouro ficava vazio, sendo obrigado a viver de expedientes e empréstimos. A cada ano, o déficit aumentava, a receita não conseguia seguir a curva de despesa, e, para sobreviver, era necessário gastar por conta da renda futura. A monarquia devorava seu futuro e isso não a fazia mais rica. A dívida tornara-se tão grande, principalmente depois da Guerra de Independência Americana, que engolira imensos recursos, absorvendo em 1789 trezentos milhões, ou seja, mais da metade da despesa anual. O ministério, acuado, estava reduzido à conduta de cavalheiro de indústria. Em 1788, teve que pilhar a Caixa dos Inválidos, dos hospitais, dos teatros, e enfim como último recurso, suspender provisoriamente os pagamentos.

Que autoridade poderia ainda ter esse regime falido, que enlouquecia seus credores, provocava o pânico entre os capitalistas (que eram várias centenas de milhares) e continuava entretanto a pagar enormes pensões, dar presentes suntuosos a seus favoritos, oferecer milhões aos Polignac, que a amizade da rainha não conseguia proteger das injúrias? Enquanto a desorientação se apoderava do governo, a oposição se fortalecia, ficava cada vez mais audaz. E foi no centro de suas próprias instituições, entre seus servidores, no seu parlamento, que a monarquia encontrou pela primeira vez a vontade mais viva, mais determinada, de destroçá-la ou ao menos de conquistar sobre ela grandes prerrogativas que a poriam sob sua dependência.

Os parlamentos da França, e em primeiro lugar o parlamento de Paris, que também era Câmara dos Pares, eram antes de mais nada Cortes superiores de justiça, constituídas por magistrados, geralmente nobres ou enobrecidos, proprietários de seus cargos e que, a partir de seu restabelecimento por Luís XVI, que revogara a decisão de seu predecessor de suprimi-los, não cessaram de opor-se, com todo o vigor de seus espíritos rebeldes e indiferentes a tudo, menos a seus interesses, a todos os esforços da monarquia para reparar os abusos e introduzir no reino as modernizações que teriam dado ao regime os meios de sobreviver.

O poder legislativo pertencia ao rei, já que só dele emanava toda justiça. Mas o parlamento tinha o privilégio de reconhecer as leis, julgar sua conformidade com as "leis fundamentais", isto é, com a constituição, e nessa ocasião, fazer "admoestações",* aproveitando-se das hesitações do ministério, arrogara-se o direito de recusar o reconhecimento. O poder do rei prevalecia, sem dúvida, sobre o dos juízes, por ocasião das sessões especiais, chamadas *lits de justice,* em que o soberano, cercado de um aparato ameaçador, decidia sozinho, como senhor absoluto. Mas os magistrados não estavam

* Discurso pelo qual o parlamento mostrava ao rei os inconvenientes de um edito ou de uma lei. (N. da T.)

desarmados: a greve da justiça, função primordial da soberania, era a resposta freqüente à violência real, e o apoio popular confirmava os juízes em sua vontade de resistência. Efetivamente, o parlamento, grupo de privilegiados zelosos antes de mais nada de preservar privilégios e desigualdades, conseguiu justificar sua oposição sob o pretexto de defender o bem público. Era principalmente por ocasião do reconhecimento dos editos fiscais que os parlamentares manifestavam sua hostilidade, gritando bem alto que defendiam a bolsa do povo, enquanto não tinham outro objetivo senão a salvaguarda de suas imunidades.

## *1787: estoura a crise*

A crise estourou em 1787, quando o ministério decidiu fazer uma reforma fiscal e pretendeu impor a igualdade dos impostos submetendo todos os proprietários, sem distinção de *status*, nobres e plebeus, ao pagamento de uma "subvenção territorial". O parlamento, intimado a reconhecer os editos, recusou-se, declarando que só a nação, representada pelos Estados Gerais, tinha o poder de decidir a criação de novos impostos, e o rei teve que usar a coação de um *lit de justice*. Mas a questão era importante demais para que o parlamento, que só cedera à força, se resignasse a um consentimento extorquido. No dia seguinte, denunciou a ilegalidade do processo e o principal ministro, Brienne, não teve outra saída senão recorrer a uma medida extrema, já empregada sem grande sucesso durante o século XVIII: o exílio dos parlamentares. Longe de derrotar a oposição, essa medida de exceção, assimilada à arbitrariedade real, provocou uma verdadeira rebelião. Toda a magistratura, os parlamentos das províncias, os juízes das jurisdições subalternas, tomaram o partido dos exilados e a agitação promovida pela toga apoderou-se de Paris. Brienne, que precisava encontrar dinheiro a qualquer preço, não teve outra alternativa senão negociar. Abandonou seus projetos em troca de algumas concessões imediatas, e o parlamento voltou triunfalmente a Paris.

O ministério tinha assim perdido a questão essencial, a indispensável reforma fiscal, mas ainda esperava sobreviver fazendo dinheiro por outros meios, ganhar alguns anos que permitissem talvez corrigir a situação, recorrendo a empréstimos. Mas o parlamento, cujo objetivo era controlar expressamente a monarquia e governá-la à sua vontade, não queria deixar-lhe essa saída de socorro, nem fazer-se dispensável. Por isso, levantou-se ainda uma vez contra as pretensões da monarquia. Uma sessão real, em 19 de novembro de 1787, não conseguiu domar a oposição. Aconteceu o que parecia impossível: o duque de Orléans, primeiro príncipe de sangue real, desafiou o rei seu primo e declarou diante dele que o reconhecimento do empréstimo era ilegal. Luís XVI balbuciou então diante da assembléia incrédula: *"É legal porque quero."* O rei tinha razão segundo o direito da monarquia, mas enganava-se de época: se tinha a seu favor o uso constante e a tradição, não tinha mais a autoridade moral para impô-los, porque a relação de forças tinha mudado. Certamente, continuava sendo provisoriamente o senhor da força e empregou-a: o duque de Orléans foi exilado e os líderes do movimento aprisionados por "ordem régia".* O troco do parlamento não se fez esperar: denunciou a arbitrariedade e declarou ilegais as "ordens régias". Dos dois poderes que se enfrentavam, um ou outro teria que ceder, sem o que o Estado ficaria inteiramente paralisado.

* Carta com o selo do rei, contendo ordem de prisão ou exílio sem julgamento. (N. da T.)

Em maio de 1788, o parlamento acreditou garantir-se fazendo uma declaração que o protegesse dos golpes do governo. Afirmou o poder exclusivo dos Estados Gerais de votar os subsídios, a inamovibilidade da magistratura, o direito do parlamento de verificar as leis e sua conformidade com as leis fundamentais e o direito para os cidadãos de só serem julgados por seus juízes naturais. O rei replicou cassando essa declaração, dando ordens de prisão a dois conselheiros particularmente turbulentos, mas chocou-se com uma verdadeira revolta da Corte, que se recusou a entregá-los. O impasse era total: um golpe de Estado contra a monarquia era a única solução.

O ministério tentou-a. Em 8 de maio, o parlamento, reunido em um *lit de justice,* assistiu à sua execução. O rei reduzia o número de parlamentares, limitava suas atribuições, que transferia a tribunais de recursos, os grandes bailiados, e criava uma Corte plenária que reconheceria as leis. Os parlamentos, cujo papel jurídico era agora insignificante, perdiam sua mais importante prerrogativa, a que lhes permitia anular o rei: o controle legislativo e fiscal.

Essa reforma tão necessária chegava tarde demais para ser eficaz, pois o ministério já não tinha mais o poder de executá-la. A França inteira, dos príncipes, dos pares e do clero, aos simples gentis-homens e aos montanheses dos Pireneus e dos Alpes, tomava o partido do parlamento. De fato, a opinião pública esclarecida atribuíra à oposição parlamentar, que encontrara no povo um auxiliar entusiasta, todas as virtudes de uma oposição nacional. Os parlamentares não se deram por vencidos e, ainda que neutralizados, incitaram a sedição. Os tribunais inferiores onde sua propaganda se revelou eficaz, opuseram-se às ordens do ministério e numerosos magistrados recusaram-se a formar os grandes bailiados; levantes populares, provocados pela alta magistratura, estouraram por toda parte, nas sedes de parlamentos. Em Toulouse, Dijon, Pau. Rennes, os rebeldes atacaram a reforma e os representantes do rei. Os bailiados foram impedidos de se reunir, e a cólera dirigiu-se contra os intendentes. O de Pau foi cercado em sua casa pela multidão que se apoderara dos canhões e que, por sua própria autoridade, restabeleceu o parlamento; o de Rennes foi ferido.

O poder assistia impotente à revolta do reino. Poderia ele ao menos contar com o exército? Tanto o comando como a tropa, sistematicamente frustrados, recusaram-se a continuar sendo a polícia do regime. Os oficiais, que um regulamento recente tinha praticamente excluído das altas patentes, em benefício dos cortesãos protegidos pelo favor real, ordenavam aos soldados não atirar; os suboficiais vendo sua progressão bloqueada, demitiam-se em massa, enquanto os soldados, conquistados pela propaganda, começavam a se agitar.

No Dauphiné a revolta, começando por um motim, acabou em revolução. A nobreza, o Terceiro Estado e seus chefes, Mounier, Barnave, as corporações profissionais e os operários dos subúrbios, e até os camponeses chamados a Grenoble pelos sinos a rebate, impuseram pela força o restabelecimento do parlamento. A *Jornada dos Telhados* deu a vitória aos amotinados, que ameaçaram de morte o comandante da província e aclamaram os magistrados. Não era mais uma simples rebelião. Em 21 de julho os Estados da província se reuniram por autoconvocação no castelo de Vizille e exigiram a reunião dos Estados Gerais, a duplicação do Terceiro Estado e o voto por cabeça: estava-se já em plena ilegalidade.

## *A volta de Necker*

O ministério cujas ordens não eram mais executadas, que aliás se esfacelava, estava anulado. O rei decidiu-se a dispensar Brienne e a anunciar para 1º de maio de 1789 a convocação dos Estados Gerais. Reconvocou Necker, o favorito da França, o prestidigitador que tinha deixado uma tal lembrança de competência e habilidade que sua presença parecia bastar para que tudo voltasse à ordem. Na realidade, sua insuficiência evidenciou-se imediatamente: restabeleceu os parlamentos, seu crédito permitiu-lhe tomar empréstimos e pagar as primeiras prestações, mas nada fez e deixou a situação degradar-se e apodrecer à espera dos Estados Gerais. Quanto aos parlamentares que haviam provocado toda essa situação, desmascararam-se assim que foram restabelecidos e logo perderam toda a popularidade. Fiéis até o fim a seus preconceitos de casta e à sua vontade de poder, exigiram a convocação dos Estados Gerais segundo a forma observada em 1614, já em desuso, pela qual cada ordem tinha direito a um voto, o que permitia aos privilegiados, nobreza e clero, prevalecer sobre o Terceiro Estado. Os parlamentares se revelaram enfim como realmente eram. defensores dos privilégios e partidários de uma oligarquia que a opinião pública rejeitava.

Podendo escolher entre um monarca absoluto e a opressão da aristocracia, os franceses, que desejavam uma terceira solução, organizaram a resistência. Um partido, hostil aos privilégios, à arbitrariedade e à bancarrota, que olhava com simpatia uma monarquia à inglesa, constituiu-se, fez membros em todas as províncias, difundiu suas idéias nos escritos de Mirabeau e Brissot, formou uma organização eficaz e um comitê central, a *Sociedade dos Trinta,* que a partir do outono de 1788 reuniu-se na casa de Duport e congregou homens unidos pela mesma vontade de mudança. Encontravam-se ali os astros do Terceiro Estado, Sieyès que discutira em uma brochura célebre o problema da relação de forças entre um punhado de privilegiados e a Nação, burgueses ambiciosos como Danton e Bergasse, senhores liberais (Montmorency, La Fayette, La Rochefoucauld), filósofos como Condorcet, jornalistas ávidos de liberdade (Brissot), parlamentares (Duport) e um desclassificado genial, capaz de abalar sozinho a França toda, Mirabeau. Esses líderes do partido que já era chamado "nacional" não deveriam certamente entender-se por muito tempo. Duport, como parlamentar, só pensava em enfraquecer a autoridade do rei; Mirabeau sonhava restaurá-la criando uma monarquia popular. Mas todos estavam unidos para um objetivo imediato: conseguir a própria eleição e a de seus correligionários na próxima reunião dos Estados Gerais. Depois, bastaria manobrar adequadamente.

Em dezembro de 1788, o Conselho tomou uma decisão que fez nascer grande esperança no país: decidiu, apesar da oposição dos príncipes e do parlamento, duplicar o Terceiro Estado que teria um número de deputados igual aos das duas ordens privilegiadas reunidos, o que deixava supor que os votos se contariam por cabeça. Esse sucesso do Terceiro Estado foi atribuído à sabedoria de Necker e principalmente à bondade do rei, que apareceu como "restaurador da liberdade" e cujo nome foi abençoado em todo o reino. Luís XVI. com essa medida que parecia condenar os privilégios, tinha subitamente reconquistado todo o capital de confiança que seus erros e também a maldade de seus opositores lhe fizeram perder. Essa reviravolta da opinião pública constituiria um trunfo maior se o monarca soubesse aproveitar-se dela. se, após entrar no caminho da reforma e da justiça, ele se revelasse capaz de resistir às forças da reação que não deixariam de pressioná-lo. Mas Luís XVI estaria apto a aproveitar a oportunidade que sua popularidade reencontrada lhe oferecia? Saberia ele, diante da firme determinação dos Estados Gerais, fazer as concessões necessárias para recobrar sua autoridade e aceitar que o regime se modificasse, que o reino se modernizasse, e que as aspirações legítimas fossem satisfeitas, sem pensar que seus direitos estavam sendo espezinhados, seu prestígio diminuído? A personalidade do rei ia, efetivamente, desempenhar um papel decisivo nos acontecimentos que se preparavam.

## Um rei que não inspira admiração nem temor

Luís XVI tinha todas as virtudes que fazem de uma pessoa comum um homem amável; não tinha nenhuma das qualidades de um grande rei. Era simples, de aspecto rude, caminhava sem elegância, e, apesar do rosto nobre, não impunha admiração nem temor. De vida regular, bom marido e bom pai, fugia do luxo e do aparato, apreciava a vida familiar, apaixonava-se por atividades banais que o repousavam da paixão imoderada pela caça. Em resumo, faltava-lhe esse prestígio que é para o príncipe um atributo do poder. Mas o que teria sido uma falha grave para seus predecessores era para ele uma vantagem: a simplicidade "republicana", em voga no fim do século XVIII, considerava meritórios sua participação nos costumes de seus súditos e seu desejo de viver, tanto quanto possível, como simples burguês.

Espírito culto, curioso e honesto, não tinha nem a lucidez de Luís XV nem a aplicação de Luís XIV, mas uma grande consciência de seus deveres e responsabilidades. A falha, a fraqueza, estavam no caráter. Tímido, reservado e desconfiado, era mais paciente e resignado que corajoso, mas sua apatia natural podia se transformar em resistência obstinada. Submisso aos padres, era obsessivamente escrupuloso e relacionava tudo com a religião. Convencido do caráter sagrado de seu poder, educado na idéia de que tudo devia submeterse à sua vontade, de que era o senhor do seu reino e de seus súditos, e de que estes não tinham nenhum direito sobre o rei, considerava suas obrigações de soberano como um contrato entre sua consciência e Deus. Incapaz de oprimir, não podia conceber a revolta. Cheio de boas intenções, sensível à infelicidade, à pobreza, ao abandono, humanizara o código, abolira a tortura, reformara as prisões, devolvera a cidadania aos protestantes. Mas isso era antes caridade cristã que vontade política.

Na verdade, não governava, não ordenava, não escolhia: contentava-se em ceder, em conceder tudo aquilo que permitiam a sua consciência e a sua religião. Presa fácil dos que saberiam manipular seus escrúpulos e seus preconceitos, era de se esperar que, diante de situações que exigissem audácia e grande liberdade de espírito, ele se apegaria às suas idéias e provocaria, sem querer, abalos que se transformariam talvez em desastres.

# A crise

Luís XVI e seus ministros, sem discernirem exatamente toda a profundidade da crise, não tinham sido tão ingênuos a ponto de crer que ela se resolveria por encanto. Assim, fizeram numerosas tentativas para que a França se interessasse por reformas de estrutura, das quais esperavam a salvação. Mas, prisioneiros dos hábitos, vítimas de sua pusilanimidade, dispostos por sua educação e preconceitos a só reconhecerem como interlocutores entidades que eles, indevidamente, revestiam de um caráter representativo, dirigiram-se sucessivamente ao parlamento, à Assembléia dos Notáveis, aos cortesãos, ao clero. Só diante da recusa por parte da oposição de todos esses grupos de privilegiados é que, enfim, não tendo mais outra alternativa, fizeram apelo à França, esperando talvez, com este último recurso, encontrar docilidade e impor silêncio às oposições partidárias através da majestade de uma Assembléia Nacional. Evidentemente, havia um perigo nesse apelo à Nação: poder-se-ia temer que o espírito de resistência, descendo a escala dos privilegiados até a elite do Terceiro Estado, e desta ao povo, conquistasse gradativamente toda a população, ganhando audácia e opondo-se à vontade monárquica.

## *Línguas e penas se libertam*

O primeiro efeito do anúncio da convocação dos Estados Gerais foi libertar as línguas e as penas. O rei convidara cada súdito a dar sua opinião sobre a consulta, e foi assim que, sem provocação, uma primeira vitória foi conquistada: sob a avalanche das publicações, que o parlamento teve que renunciar a reprimir, a liberdade da imprensa, que o governo imprudentemente provocara, foi adquirida sem violência: a França saía da era dos sussurros e entrava ruidosamente no barulhento alvoroço da palavra que iria, doravante, ressoar nas praças públicas, nas esquinas e nos cafés. Entre os milhares de brochuras que apareceram então, algumas deram às aspirações do Terceiro Estado, ao mesmo tempo, argumentos de combate e uma formulação clara e incisiva que favoreceu sua difusão e cristalizou as esperanças. — O que é o Terceiro Estado?, perguntou Sieyès. — Tudo. — O que foi ele até agora na ordem política? — Nada. — Que quer ele? — Tornar-se alguma coisa. Acabava-se de descobrir o *slogan* político e de dar ao partido nacional a peça publicitária de sua campanha eleitoral. A grande orgia da imprensa patriótica começava com um ribombar de trovão.

Já que não só o escrito, mas também a palavra estava liberada, as línguas se puseram em ação. Os analfabetos, assim como as pessoas instruídas, tiveram uma opinião a dar e reclamações a fazer; o comerciante, o vendedor, o boiadeiro guiaram a pena do cura, do procurador, do notário, de todo aquele que, no bairro, na paróquia, na aldeia, soubesse escrever, redigir uma carta e transcrever as palavras simples, descontentes ou rebeldes da corporação, da comunidade ou dos pobres-diabos que debulhavam o rosário de suas mágoas, de sua miséria, de sua exaustão. Assim foram redigidos, às vezes espontaneamente, às vezes a partir de modelos feitos em Paris ou por notáveis urbanos, milhares de cadernos em que o imenso povo do campo expunha sua infelicidade, seus temores e esperanças. Todas essas queixas, reescritas no bailiado, na Assembléia dos Eleitores, se repetiram, padronizadas, nos cadernos regionais do Terceiro Estado, nos quais a burguesia exprimiu suas próprias reivindicações. Esses cadernos, assim como os que foram redigidos pela nobreza e pelo clero, deviam servir de guia aos deputados das três ordens. Reuniam eles todos os desejos dos franceses e resumiam, como diz Chateaubriand: "*tudo o que a experiência e a inteligência humana tinham concebido, descoberto e elaborado durante três séculos*". Ali figuravam, com o passado denunciado por todos os abusos, faltas e imperfeições da monarquia, uma evocação, fervente e imperativa, do que deveria ser o futuro. Os cadernos não se contentaram em enumerar o catálogo dos descontentamentos. Propunham o que chamaríamos hoje uma plataforma, um imenso projeto de reformas que desenhavam os contornos de um outro regime, de uma outra sociedade.

Os franceses propunham substituir por uma monarquia constitucional a monarquia autoritária e freqüentemente arbitrária, fundada sobre o poder sem contrapartida do rei, e, na realidade, sobre o de sua todo-poderosa administração, contrariada somente pelo capricho de oficiais civis, cuja independência e liberdade, exclusivas e adquiridas a peso de ouro, eram fatores de confusão e ineficácia mais do que contrapoderes em equilíbrio. Nessa monarquia constitucional, o rei, tornando-se primeiro magistrado da nação, e seus ministros, responsáveis agora diante do povo, seriam controlados por uma assembléia de representantes livremente eleitos que se rèservariam o poder legislativo e as decisões fiscais. O rei não seria mais a única fonte do poder. A nação lhe atribuiria grandes prerrogativas, a sanção da lei, a autoridade executiva, o comando do exército; mas esse poder, ainda imenso, ele não mais o receberia de Deus, mas da delegação do povo transformado em verdadeiro soberano. Essas propostas, que só um século de ousadia intelectual pudera suscitar, e que pareciam quase impossíveis de ser apresentadas ao herdeiro de Luís XIV, acompanhavam-se de exigências tão numerosas quanto provocantes, considerando-se as tradições e rigores do absolutismo. Todas as formas de liberdade eram exigidas: a liberdade pessoal e a liberdade de iniciativa, a liberdade de opinião e a liberdade da imprensa, e, para que todos os vestígios, mesmo simbólicos, da antiga servidão, fossem para sempre apagados da memória dos homens, exigia-se a demolição da Bastilha, este testemunho arquitetônico e militar das "ordens régias" e da arbitrariedade da justiça.

Toda a administração da França, julgada excessivamente pesada, ineficaz e dispendiosa, era reformada, reorganizada, desembaraçada de seus males e abusos. Descentralizada, a administração fiscal devia tornar-se mais ativa e mais leve para o contribuinte. A justiça devia ser agilizada, o procedimento simplificado, o código humanizado; o recrutamento dos magistrados devia substituir a venalidade pelo mérito. Quanto aos intendentes, considerados como a réplica provincial do despotismo ministerial, e condenados, tanto por sua ineficácia quanto por seus abusos, seriam substituídos por assembléias provinciais eleitas que exerceriam suas atribuições. A economia era objeto das mesmas exigências, a liberdade e o individualismo apareciam como o remédio para todas as carências e o motor que permitiria o desenvolvimento do dinamismo e da criatividade. Assim ficavam denunciados os entraves à liberdade do comércio, os privilégios exclusivos que tolhiam a indústria, as representações corporativas, as corporações e seus mestres, que prejudicavam o progresso da livre empresa e o florescimento de uma economia de mercado.

Mais ainda que por sua originalidade, todas essas propostas, que desenhavam a imagem de uma França nova, liberal e próspera, recomendavam-se pelo consenso que obtinham em todas as classes da sociedade. Sem dúvida, o clero redigira cadernos muitas vezes reticentes ou hostis a todas essas audácias que denunciara outras vezes com veemência: o peso da hierarquia, a autoridade que os prelados e detentores dos grandes benefícios eclesiásticos exerciam naturalmente sobre as assembléias tinham freqüentemente impedido que a opinião dos padres predominasse sobre o conservadorismo dos dignitários.

## *A nobreza e o Terceiro Estado parecem unânimes*

Mas em todos os outros pontos a unanimidade era total. Nobreza e Terceiro Estado concordavam em exigir o controle do poder, as liberdades, a reforma das instituições, a liberalização da economia. A unidade moral da nação parecia vencer as rivalidades que tinham tão violentamente oposto as ordens, os privilegiados e o Terceiro Estado, durante o período que precedera a convocação. Agora que conhecemos a continuação dos acontecimentos, é fácil ser profeta e prever a ruptura, descobrir nos cadernos a prova de que essa bela unanimidade era só ilusão e que o interesse da nobreza era defender o Antigo Regime contra os assaltos do Terceiro Estado. Mas é preciso repetir que, no momento da redação, a pressão inovadora, a vontade de reformar eram tão exigentes na nobreza quanto nos Comuns. Mas para que o Terceiro Estado ficasse inteiramente satisfeito, para que a revolução individualista e liberal se realizasse, era preciso ainda que a nobreza aceitasse o suicídio, que renunciasse a tudo o que dava conteúdo e força à sua identidade, que abandonasse seus privilégios e, renunciando à sua existência legal, que se fundisse com humildade no corpo igualitário de uma sociedade competitiva que substituiria a honra nobiliária pela emulação do mérito burguês. O risco de conflito se situava precisamente nesse nível. Sobre a reforma do Estado, a modernização das instituições, as liberdades, a economia, a convergência era tão perfeita que não deixava nenhum lugar às rivalidades. Era surpreendente essa harmonia tão espontânea e universal. Entretanto, nos recessos mais profundos da consciência francesa, desenhava-se uma falha que as especulações racionalistas e os cortes arbitrários da cronologia tendem freqüentemente a mascarar. Nas distinções entre 89 e 93, entre a revolução da liberdade e a revolução do Terror, esquecemos muitas vezes que obedecem uma e outra à mesma lógica, que é a paixão da igualdade. Não se trata evidentemente de cair em uma confusão estúpida: a igualdade de 1789 se define pela competição dos méritos, o igualitarismo de 1793 corta a cabeça de tudo o que ultrapassa o nível, a norma mediana imposta ao exercício das faculdades. Mas é o mesmo princípio que impulsiona a burguesia primeiro, e depois o povo, a não tolerar nada acima de si, e foi naturalmente que se passou da recusa das superioridades herdadas à recusa das superioridades adquiridas. De uma revolução à outra, foi um passo, a democratização e a perversão do fantasma igualitário.

Com exceção das classes populares, ainda muito absorvidas por preocupações imediatas de sobrevivência, e, na melhor das hipóteses, pela melhoria de um destino quase sempre precário, o Terceiro Estado estava pois apaixonadamente voltado para um objetivo sonhado há um século, com uma obstinação que fazia vibrar seus nervos e estimulava suas faculdades e ambições: obter o reconhecimento de sua paridade com uma elite que o suplantava sem precisar provar seu valor, que obtinha sempre o primeiro lugar sem concorrer. O desejo da burguesia era agora que o jogo fosse aberto, que a competição determinasse os papéis, que o talento, o dinamismo e a fortuna substituíssem o nascimento na distribuição das honras e dos títulos. Quando se pensa na hesitação que essa mesma burguesia opôs à abertura de seus monopólios, não é de se estranhar que a nobreza, à qual a tradição e a história forneciam ao menos alguns argumentos e um simulacro de legitimidade, tenha erguido contra essas pretensões o arsenal de seus preconceitos e direitos hereditários. E, no entanto, a nobreza fora tão profundamente contaminada, contribuíra tanto para a inversão dos valores e exaltara com tão viva espontaneidade seu desejo de modernidade, sua capacidade de aperfeiçoar-se, sua vontade de ser, não um obstáculo, mas o motor da evolução e o protetor de uma história progressista, que ficou, ao mesmo tempo, dividida em suas decisões, e hesitante sobre o domínio que seria a última fronteira de suas concessões, no momento em que teve de escolher entre o imobilismo e o movimento, o passado e o futuro, a segurança do privilégio e da imunidade e o acaso da concorrência.

Seria uma grosseira perfídia concluir, pela atitude da maioria de seus representantes nos Estados Gerais, que a nobreza opôs uma recusa global e definitiva às exigências do Terceiro Estado. Em sua quase totalidade, a nobreza renunciou às suas isenções fiscais e aderiu ao conjunto da Nação para contribuir, da mesma forma, nas mesmas condições, para os encargos públicos. Do mesmo modo, a maioria abandonou seus privilégios jurídicos, aceitando que houvesse uma única lei para todos, sem distinção de prestígio ou condição. Eram renúncias cuja importância não se podia subestimar, mas que. de certo modo, eram esperadas, e que, mesmo dando uma satisfação considerável ao Terceiro Estado, não satisfazia toda a sua expectativa. O ponto crucial, ainda mais sensível porque punha em questão não só os interesses, porém, ainda mais, as suscetibilidades, residia nos monopólios de carreira: as honras civis e principalmente as militares eram reservadas à nobreza e o Terceiro Estado fazia da igualdade de acesso a todos os cargos e títulos uma questão de honra. A nobreza, que já tinha feito numerosas concessões à igualdade, poderia deixar que a despojassem de um privilégio que garantia sua proeminência social e poderia o Terceiro Estado deixar que lhe arrebatassem uma esperança sobre a qual fundava a maior parte de suas ambições e da qual dependia de algum modo todo o seu futuro? A resposta da nobreza não foi clara nem unânime. Se um décimo dos cadernos propusera que os cargos públicos e as patentes de oficiais fossem doravante abertos largamente e sem discriminação ao Terceiro Estado, um quarto exigia a manutenção da nobreza no direito exclusivo de fornecer oficiais; a maior parte, é verdade, exigia a supressão do texto de 1781 e estendia o privilégio aos enobrecidos. A maioria não se pronunciava, deixando pairar uma dúvida dolorosa sobre suas verdadeiras intenções.

Os silêncios eram inquietantes, e o Terceiro Estado não deixava de se preocupar, pois ignorava-se e, até que a organização e a forma dos Estados Gerais fossem decididas, continuar-se-ia a ignorar qual seria a verdadeira relação de forças no seio da assembléia. As reuniões e votações se fariam por ordem? As duas ordens privilegiadas, nobreza e clero, ganhariam do Terceiro Estado por dois votos a um. As reuniões se fariam em câmara única, na qual se votaria por cabeça? O Terceiro Estado, fortalecido pelos votos da nobreza progressista e do clero, se imporia facilmente às forças retrógradas que não seriam mais, então, que uma minoria reduzida a uma oposição estéril. Tudo ia depender da atitude da maioria da nobreza e do clero, e das decisões do rei e dos que o cercavam. Os desejos dos cadernos, muito freqüentemente ambíguos, não permitiam prever a atitude que a nobreza adotaria. Longe de exigir unanimemente o voto por ordem, a nobreza se mostrara hesitante, pouco segura de si e de sua vontade, enquanto uma minoria pronunciava-se abertamente pela adesão ao Terceiro Estado. A decisão seria deixada nas mãos dos deputados, que seriam o joguete de um clima, o de Versalhes, o das intrigas da corte, e da influência dos líderes que a eloqüência iria revelar.

## *Eleições que coincidem com uma crise econômica*

Mas ainda não se chegara lá. A França devia ainda eleger seus deputados, o que foi feito e terminado no país inteiro — exceto em Paris — em abril de 1789. A campanha eleitoral e as eleições se desenrolaram em um clima de crise, motins e violência que pôs em grande perigo a paz social. Os meses de março e abril viram a agitação difundir-se na França inteira, sem que se pudesse atribuir causas políticas a essa onda de emoção que varreu todas as províncias. Certamente a exaltação provocada por um acontecimento tão importante e raro como uma consulta geral não era estranha a certas formas tomadas pela sedição e um *slogan* — guerra aos privilegiados! — que integrava a campanha dos candidatos provocou ações isoladas que se enxertaram sobre uma revolta cujas causas eram outras e cujos efeitos deviam atingir seu ápice histórico em Paris a 14 de julho.

Com efeito, as eleições coincidiram com uma crise econômica agravada por uma carência de trigo, que precipitou a pobreza na indigência, multiplicou desempregados, vagabundos e mendigos, espalhou a insegurança, o desespero e a cólera, excitou o povo contra aqueles que acreditava serem responsáveis pela carestia, favoreceu a insubordinação e a revolta que tomou às vezes formas em que se poderia reconhecer o germe de uma revolução social, não teve necessidade de provocação para se propagar, porque nascia espontaneamente da própria natureza do sofrimento. O povo tinha entretanto uma longa tradição de paciência e a miséria era uma epidemia à qual há muito se resignara. Durante o século XVIII, apesar de uma expansão econômica contínua mas lenta, a agricultura, que representava ainda três quartos do produto e dependia estreitamente das condições climáticas, fizera, por várias vezes, más colheitas e conhecera o ciclo infernal que isso acarretava: subprodução, aprovisionamento insuficiente do mercado, alta dos preços, miséria, tumultos e pilhagens. De um ano para o outro o preço do pão podia dobrar, ou até mais, principalmente entre maio e julho, como aconteceu em 1789. Nas cidades, o pão custava a metade da renda popular em período normal: o encarecimento, em período de crise, tinha pois conseqüências catastróficas sobre o orçamento familiar e o descontentamento se traduzia às vezes em cenas de violência e pilhagem. A subprodução agrícola provocava efeitos em cadeia que não poupavam a manufatura e a indústria. Os camponeses, privados de excedentes que pudessem vender, não tinham dinheiro e não compravam mais roupas nem ferramentas; o salário do operário mal bastava para seu consumo de pão. Então, o setor têxtil e a metalurgia entraram por sua vez em crise, manufaturas e oficinas fechavam suas portas e os desempregados se multiplicavam, até deixavam suas províncias, vinham engrossar, nas grandes cidades e principalmente em Paris, as fileiras de miseráveis sem trabalho e sem pão, amotinados em potencial, sempre dispostos à violência. A primavera de 89 viu reproduzir-se uma situação, afinal, familiar. Uma péssima safra, devida a más condições climáticas (chuvas em excesso em outubro-novembro de 87, tempestade e granizo em 13 de julho de 88, que devastaram o oeste da França e, em certas regiões, só permitiram colheitas reduzidas), agravada talvez pelas medidas intervencionistas de Necker, que provocaram a estocagem dos grãos e a penúria do mercado, causou uma alta dramática dos preços. No mercado de Pontoise, o preço do sesteiro de trigo passou de 23 libras em julho de 88 para 50 libras em julho de 89, para cair rapidamente depois da colheita. Os meses de março a maio corresponderam a níveis máximos que só foram ultrapassados pelo paroxismo da primeira quinzena de julho.

Quando o pão falta, os ânimos se inflamam. Assim, o fogo alastrou-se e, as mesmas causas produzindo os mesmos efeitos, viu-se toda a França sublevar-se, da Bretanha à Champagne, da Alsácia à Provença. O povo tinha fome. Por que não suportava silenciosamente sua desgraça, por que abandonava sua resignação? A penúria tinha tantas vezes provocado perturbações, que já eram costumeiras essas comoções episódicas, ocasionalmente acompanhadas de violência, do populacho esfomeado. Mas hoje ele tinha razões bem diferentes para sair de sua passividade. Sua cólera vinha de sua incompreensão. Tinham-lhe devolvido a esperança e ele se espantava ingenuamente de sofrer ainda — prometeram-lhe que seu destino ia mudar, disseram-lhe: reúnam-se, redijam suas queixas, exponham suas mágoas, descrevam sua miséria; os senhores, os magistrados, o próprio rei lhe prometeram reprimir os abusos de que era vítima, os impostos pesados demais, as taxas que encareciam o preço do pão e da carne, os privilégios dos senhores, o dízimo do clero. Prometeram-lhe a felicidade, a regeneração, mas o pão faltava. Boatos nasciam, espalhavam-se, irritando a multidão. Murmurava-se que fornecedores ávidos estocavam os grãos, que os coletores de impostos e as municipalidades eram seus cúmplices. Então, a cólera rugia, e o povo subitamente se desencadeava. As grandes violências foram raras: apenas um grande proprietário ameaçado, comboios bloqueados, um coletor de impostos perseguido, sua casa pilhada. Foi na Provença, onde o orgulho dos privilegiados e seu desprezo pelos sofrimentos do povo provocaram seu furor (o marquês de La Fare, prefeito de Aix, teria dito às mulheres que pediam pão: *"Vocês nasceram para comer o esterco dos meus cavalos."*), que a revolta se radicalizou e se transformou em guerra social: humilhados contra poderosos, pobres contra ricos. Aqui, o celeiro de trigo foi pilhado, ali, um bispo apedrejado, e não se escapou à embriaguez sanguinária: um Senhor foi massacrado, seu corpo despedaçado. Em Marselha, as autoridades impotentes cruzaram os braços; o prefeito, o subdelegado do intendente, o coletor da cidade foram obrigados a fugir diante dos bandos de homens armados que falavam de abrir as prisões.

Vinte anos, dez anos mais cedo, uma revolta tão ameaçadora teria sido duramente reprimida com punições exemplares, o governo não teria cedido à insubordinação e ao motim. Mas hoje o sentimento de sua fraqueza, o medo de que a firmeza, no estado de exaltação em que estavam os ânimos, acarretasse reações ainda mais violentas, paralisavam o poder. Os intendentes, amedrontados pela forma que tomavam os acontecimentos, aconselhavam a moderação. Mesmo que quisesse, o governo não teria podido restabelecer a ordem. A sublevação era geral e não se podiam concentrar as tropas necessárias numa província sem imediatamente desguarnecer todas as outras. Os regimentos, divididos ao infinito em microscópicos destacamentos, muitas vezes sob o comando de um simples suboficial, não podiam manter a ordem e geralmente não o queriam. O próprio exército aderia ao inimigo. A tropa sentia-se solidária com o povo esfomeado; os suboficiais, contrariados pelo bloqueio de sua carreira, furiosos com a proibição de qualquer promoção, abstinham-se de ordenar a repressão e deixavam agravar-se a situação. Entretanto, aqui e ali, um comandante de província fazia um gesto de energia, organizava a repressão e pronunciava penas de morte: mas isso acontecia, por exemplo, no Baixo Languedoc, região quase que poupada pelas terríveis agitações da primavera, onde os poucos pontos críticos em que ardeu a revolta, como Agde e Sète, podiam ser eficazmente dominados.

## *O povo de Paris enfurecido*

Desde o início da crise, tinham afluído para Paris os desempregados, os vagabundos, os mendigos, expulsos de suas províncias pela fome e pela esperança de lá achar trabalho, aumentando nos subúrbios uma população miserável e ameaçadora. Assim, a capital escapou ainda menos, ou melhor, não escapou, apesar das tropas e da proximidade das autoridades, à febre que se apoderara da França e que, nesse caldeirão de miséria e humilhação, onde fermentava a audácia do desespero, nesse empório de todas taras, fracassos e frustrações, transformou-se nesse furor destrutivo que faria da França, nos anos difíceis que viriam, o alvo do espanto do mundo. O regulamento de Paris para as eleições era bem mais restritivo que para o resto do reino. Só podiam participar da votação primária os que tivessem um emprego público ou ofício, um grau universitário, fossem mestres de corporação e os que pagassem ao menos seis libras de capitação.[1] A massa dos operários, oficiais de corporação e aprendizes, estavam pois excluídos da consulta. Aliás a participação foi fraca: menos de 10% dos 150.000 eleitores potenciais foram às assembléias dos distritos para eleger os 407 eleitores que, reunidos no arcebispado, deveriam por sua vez eleger os deputados. A escolha se fizera exclusivamente entre os representantes da burguesia, "funcionários", advogados, comerciantes; e os assalariados, que Taine chamaria o *Terceiro Estado das ruas,* não tiveram nenhuma representação. Assim, o amargor e o descontentamento cresceram no coração dos trabalhadores e os protestos, excitados por panfletos que denunciavam veementemente o esquecimento e o desprezo de que era vítima o povo, se elevaram nos subúrbios e distritos operários onde os ânimos se acirraram.

Preocupava-se o governo com os despossuídos, procurava melhorar sua condição, baixar o preço dos víveres ao nível de sua bolsa? A resposta era: Não! Ora, o preço do pão aproximava-se de seu recorde histórico que seria atingido em

---

1 Imposto devido por todos, mas que afetava principalmente os plebeus.

junho e princípio de julho, e os subúrbios, principalmente o de Saint Antoine, onde se acumulava uma população miserável de cerca de quarenta mil operários, receberam todos os vagabundos que a crise do inverno fizera refluir a Paris. A fome, a angústia e o desemprego transformaram esse terrível subúrbio num barril de pólvora que a menor fagulha, provocação ou medo, podia fazer explodir a qualquer momento. O povo estava à espreita do que acontecia nas assembléias dos distritos esperando um sinal que trouxesse alívio a seu sofrimento, apoderando-se de uma palavra que escapasse e que, passando de boca em boca, fizesse nascer a esperança ou o abatimento. A inquietação crescia. Bastou uma imprudência para que a impaciência se transformasse em cólera, a cólera em descontrole, o descontrole em fúria.

Em 23 de abril, o industrial Reveillon fez no seu distrito uma proposta audaciosa e certamente inábil na conjuntura explosiva em que Paris se encontrava; a intenção era entretanto generosa e visava lutar contra a carestia que atormentava os operários. Seu plano era ao mesmo tempo simples e um pouco ingênuo: para baixar os preços e restaurar o poder aquisitivo dos assalariados, bastava suprimir as taxas nas barreiras fiscais, reduzir os salários e vender mais barato. O subúrbio de Saint Antoine só guardou dessa proposta o que compreendeu: queriam reduzir o operário a viver com 15 *sous* * por dia (um salário de operário não-qualificado era então de 20 *sous*); isso era um crime e Reveillon queria matar o povo de fome. A personalidade desse homem deveria no entanto dissuadir o povo de lhe atribuir intenções maquiavélicas. Reveillon era um *self-made man* e um patrão "social". Inteligente, dinâmico e ambicioso, esse antigo oficial papeleiro tinha criado sua própria empresa e, aproveitando a nova moda do papel de parede, desenvolvera sua manufatura até empregar

---

* *Sou*: vigésima parte da antiga libra francesa. (N. da T.)

350 operários, número considerável para a época, instalara sucursais nas províncias, vendia até para a Grã-Bretanha e, tornando-se rico e respeitado, vivia luxuosamente num esplêndido palacete que comprara a um magnata das finanças, arruinado em prodigalidades. Essa casa, situada na esquina da rua de Montreuil com o subúrbio Saint Antoine, abrigava a fábrica no térreo e Reveillon reservava para si o andar, suntuosamente decorado e mobiliado, e os jardins. A prosperidade não lhe subira à cabeça e ele tinha a rara preocupação de melhorar a condição operária. Seus operários eram os mais bem pagos do subúrbio e o patrão lhes assegurava, em tempos difíceis, uma proteção social. Assim, durante o inverno de 1788-89, estando sua empresa também atingida pela crise, pagou 15 *sous* por dia a todos os operários privados de trabalho. Esse homem era pois o último a esperar tornar-se vítima da vingança do bairro.

De 23 de abril, data em que foi anunciada a proposta fatal, até 26, o subúrbio ficou calmo, percorrido apenas por murmúrios indignos e raivosos. Foi no subúrbio Saint Marceau que, na noite de 26 para 27, estouraram as primeiras ameaças. Formaram-se aglomerações que a chegada do dia não dispersou e, no dia 27, no começo da tarde, um cortejo de manifestantes tomou a direção do Sena. Eram homens ousados, amedrontados, seguidos de um rumor surdo, apavorante, dominado por palavras de ordem funestas: "Morte aos ricos!" Na frente, dois homens resolutos brandiam manequins, efígies dos inimigos do povo: a de um certo Henriot, salitreiro do subúrbio Saint Antoine, a quem se atribuíam as mesmas intenções que Reveillon, e a deste industrial, transformado em poucos dias em símbolo da iniqüidade patronal e insolência burguesa. Com efeito, para esses deserdados sem esperança, o burguês, mais próximo que o grande dignitário, e de quem dependiam o trabalho e o salário, aparecia como o instrumento privilegiado da indigência e da infelicidade. Repetia-se a palavra de um jornalista hostil às classes médias: *"Quem nos garante que o despotismo burguês não se seguirá à pretensa aristocracia dos nobres?"* Os amotinados desembocaram na praça da Grève e ali, diante da prefeitura, queimaram os manequins. Depois continuaram, chegaram a Saint Antoine, onde seu número aumentou. Pelo caminho, os amotinados se excitaram, a exaltação transformou-se em histeria e o bando, agora um exército de valentões, sonhava com violência, pilhagem e incêndio. Diante da casa de Henriot, da intenção passaram aos atos: enquanto o infeliz fugia, sua propriedade foi saqueada. Só então o chefe de polícia começou a se preocupar. Mobilizou a patrulha, um batalhão de guardas franceses e cavaleiros.

A noite trouxe a calma. Acreditou-se apagado o incêndio, julgou-se que tudo fora apenas um breve acesso de febre. Diagnóstico otimista que o dia seguinte deveria cruelmente desmentir. No dia 28 de manhã, aglomerações se formaram outra vez em Saint Antoine, rapidamente engrossadas por batalhões de operários peleteiros vindos de Saint Marceau que, ao atravessarem o Sena, tiveram a adesão dos operários do cais, dos vagabundos que se abrigavam sob as pontes e dos operários da fábrica de vidro de Reuilly. O subúrbio fervia de milhares de manifestantes, habitantes de Saint Antoine e dos bairros próximos, Saint Paul e Saint Gervais, vindos de Saint Marceau ou da zona miserável das margens do Sena, operários, desempregados, mas também bandidos, ladrões, delinqüentes de todo tipo atraídos pelo cheiro da pilhagem, e até mesmo pequenos patrões e seus funcionários, "direitistas" das corporações, incomodados pela livre empresa de Reveillon, e que vinham acertar as contas com esse industrial audacioso que desdenhava suas regulamentações e privilégios. A casa de Reveillon era o alvo dessa gente enlouquecida. O chefe de polícia mandou para lá 350 guardas que não puderam impedir os manifestantes de entrar na rua Montreuil; concentrados diante da fábrica, os soldados a fortificaram com o que havia à mão, andaimes, vigas e carroças.

O sangue-frio e a determinação dos guardas estão fora de dúvida, mas um acontecimento burlesco interveio para derrotar sua defesa e ridicularizar sua estratégia. Naquele dia, havia corridas em Vincennes. Espectadores e o mundo elegante passavam pelo subúrbio para lá chegar e as belas carruagens, intensamente vaiadas, as belas damas ricamente vestidas, atravessando uma multidão esfarrapada, tinham um tal ar de provocação que criou-se um clima estranho, quase irreal, que primeiro estarreceu a multidão, depois aguçou sua cólera. Na volta, a duquesa de Orléans, por inconsciência ou curiosidade, ou por desejar ser aclamada como seu marido, que o povo tinha como seu protetor, o fora na ida, passou pela rua de Montreuil. Intimidados, os guardas lhe abriram uma passagem nas barricadas e não puderam impedir que os manifestantes se infiltrassem depois dela. Reveillon e sua família só tiveram tempo de fugir pelos jardins. A casa foi devastada de alto a baixo, os móveis queimados, os espelhos quebrados, as estátuas destruídas a marteladas. A pilhagem durou duas horas de embriaguez e selvageria. O horror viria a seguir, quando a força pública decidiu-se tardiamente a intervir. De fato, foi com um atraso de várias horas que as forças enviadas pelo chefe de polícia chegaram ao local. Foi uma matança. Os saqueadores, que tinham entrado nas casas e subido aos telhados, feriram e mataram soldados, jogando telhas e pedras, demolindo sobre eles chaminés e beirais. Houve 12 mortos e 80 feridos entre as forças da ordem e várias centenas entre os amotinados. Os dias mais sangrentos da Revolução não serão mais mortíferos. Entrava-se já, antes mesmo que os Estados Gerais se reunissem, no ciclo infernal da violência cega e essa grande estréia não era certamente de bom augúrio. Ficava claro que Paris abrigava forças obscuras, toda uma população da sombra, nutrida de miséria e raiva, frustrada por uma longa tradição de abandono e desprezo e que, no momento em que o sol se levantava, sentia-se excluída da esperança que raiava para os outros e teimava em ignorá-la.

Michelet não tem razão de condenar sem circunstâncias atenuantes os *saqueadores esfarrapados,* autores dessa *feia cena,* e Louis Blanc cede a seus fantasmas quando vê nisso o esboço de uma revolta do proletariado. Taine, cujo julgamento é quase sempre tão seguro, só peca pelo excesso de um vocabulário insuportável para nossos espíritos formados em um certo humanismo operário, e se nos desagrada a evocação dos *brutos exasperados pela miséria e enlouquecidos pela suspeita,* só podemos aprovar sua análise que mostra, como autores do motim, operários esfomeados misturados a bandidos e patriotas desorientados pensando lutar pela causa do Terceiro Estado. A miséria, o crime e o patriotismo seriam, com efeito, as três hipóstases sob as quais se manifestaria freqüentemente, nas grandes jornadas populares, o gênio da Revolução. A composição social da tropa de amotinados de 27 e 28 de abril, tal como se desenhou ao sabor das marchas e acessos de pilhagem, não desmente essa imagem de uma multidão em que se misturam a ilusão cívica, a reivindicação social e o desregramento criminoso da ralé.

A sublevação do subúrbio Saint Antoine tinha surpreendido os contemporâneos, que explicaram por circunstâncias misteriosas um acontecimento que não souberam prever, e no qual suspeitaram a intervenção de mãos audaciosas, desejosas de tirar partido da força das ruas ou interessadas em desacreditar, antes mesmo que começasse, a grande obra de regeneração que se preparava. Assim, difundiu-se nos espíritos o mito do complô, que deveria contaminar toda a Revolução, dar-lhe esse caráter suspeitoso e inquieto, gerador de desconfiança e medo que deviam produzir por sua vez cenas de histeria coletiva, matanças e crimes. Os historiadores também muito fantasiaram, no século passado, sobre as mãos invisíveis que manipularam os cordéis. Os amotinados teriam sido pagos? Encontraram-se somas consideráveis nos bolsos de feridos. Roubaram esse dinheiro na casa de Reveillon ou o teriam recebido em pagamento de suas façanhas e, nesse caso, quem pagou? Provocadores enviados pela Corte, pelo clero, pelos aristocratas? O duque de Orléans, que tinha ido ao subúrbio e fora visto distribuindc sua bolsa, era o instigador da revolta, ou esse padre obscuro, chamado Roy, que andara de grupo em grupo, distribuindo talvez esmola e estímulo? Não se compreende o que o duque de Orléans teria a ganhar sublevando o povo, ao passo que a abertura dos Estados Gerais devia lhe oferecer tantas esperanças de desempenhar um papel na legalidade. Teria a Corte melhores razões? Michelet como Louis Blanc a acusam, um de omitir-se calculadamente, outro de ter provocado a rebelião. A morosidade da repressão provaria a responsabilidade da Corte e seus motivos seriam óbvios: a revolta lhe daria um excelente pretexto para fazer marchar sobre Paris um imenso número de tropas e adiar os Estados Gerais, que agora lamentava ter convocado. Interpretação tenebrosa que nada vem confirmar e repousa unicamente sobre a mitomania do complô. A surpresa, o embaraço e as hesitações da Corte, até sua desorientação e talvez sua incompreensão, bastam para explicar o atraso das forças da ordem. Nem as autoridades nem a aristocracia podiam arriscar-se a correr o risco de desencadear forças ocultas, temidas como a lepra, porque a mentalidade da época não via nenhum limite para seus excessos e sua selvageria. O que se chamava então populacho provocava tal pavor que nenhum partido se arriscaria a desencadear sua temível força, ainda que para tirar partido de seus excessos posteriormente.

Na verdade, o motim não beneficiou ninguém e a Corte não tirou dele nenhuma vantagem. Poderia ela ao menos considerar positivo o fato de que as tropas foram fiéis e a guarda francesa não hesitara em atirar sobre o povo? Os soldados tinham sido atacados, ameaçados, feridos, e sua reação não permitia prever seu comportamento futuro. Mas a Corte, sem dúvida, tranqüilizou-se, e quando os deputados se reuniram em Versalhes, acreditou que o fogo estava extinto. As medidas que tomou para a abertura dos Estados Gerais mostram bem que ela havia recobrado seu otimismo e que, se por um momento alimentara temores, estes estavam agora apagados.

## *Os deputados se instalam em Versalhes*

A corte acolheu os deputados que vieram instalar-se em Versalhes com aquela mistura de curiosidade e ironia que os bajuladores dos reis reservam àqueles cuja vida se passa longe do castelo. Esses provincianos, chegados dos quatro cantos da França, tinham ar de estrangeiros, pareciam bizarros e grotescos, e os cortesãos, divertidos ou inquietos, os observavam com a indulgência discreta de quem conhece o mundo e está consciente da própria e inacessível superioridade. Alguns sorriam com desprezo, enquanto outros, menos frívolos, já pensavam na melhor maneira de seduzi-los, de cercá-los de atenções e lisonjas para neutralizá-los. O irmão do rei, Artois, e a duquesa de Polignac, favorita da rainha, mimavam nobres e prelados, adormecendo-os sob seus afagos. Fingia-se ignorar os deputados do Terceiro Estado e a plebe eclesiástica, cuja independência e insubordinação se deploravam. Afetava-se satisfação e tranqüilidade mas especulava-se com inquietação sobre o futuro dessa assembléia cuja reunião não fora possível retardar por mais tempo. Quem eram essas figuras estranhas, que circulavam em Versalhes com um ar resoluto de determinação que não anunciava nada de bom? Os raros nomes cuja reputação penetrara até a corte, Sieyès, Mirabeau, inspiravam terror ou cólera. O recrutamento social e profissional dos Estados Gerais não apresentava no entanto, à primeira vista, nada que pudesse inquietar, e não era de temer-se a revolução social. O povo não tivera nenhum lugar nessa assembléia de notáveis que reunia tudo o que a França tinha de experiência e talento, e onde a elite da administração e do exército reais se achava reunida. Com efeito, a escolha dos franceses se fizera de preferência entre os servidores do rei, administradores, magistrados, auxiliares próximos, e proprietários de terras, que eram a grande maioria. O setor "liberal" só era representado por uma fraca porcentagem de negociantes, comerciantes ou médicos e um grupo mais numeroso de advogados (12%), contando, é verdade, com algumas personalidades que deveriam se destacar rapidamente como Le Chapelier, Barnave ou Robespierre. Mas essa surpreendente homogeneidade profissional escondia uma outra distinção, muito mais definidora e rica de conflitos: a assembléia era cortada por uma linha de demarcação que uns queriam transpor, outros fortificar: o privilégio nobiliário. Era esta a verdadeira questão, situada no próprio coração do futuro da França, aquela que, dependendo ao mesmo tempo da vontade dos homens e do peso da resistência, decidiria a paz ou a guerra, a questão do momento, para a qual convergiam as esperanças do presente e a inércia do passado: a questão da igualdade. O espírito dos nobres, e o da Corte, tão decisivo para aqueles que o tinham como modelo, pareciam reforçar-se à medida que se estendia o espírito do Terceiro Estado. Quanto mais os plebeus desejavam que as barreiras se abatessem e que não houvesse outra diferença senão a estabelecida pelo talento, mais os nobres se endureciam e crispavam na defesa de suas prerrogativas e posições.

O rei, pouco à altura de sua função, pobre joguete nas mãos de intrigantes, flutuando ao sabor dos argumentos que procuravam convencê-lo, estava como que ausente. Necker, que a França adulava, tornara-se o horror dos cortesãos: não estendia ele a mão ao Terceiro Estado e a este não pertencia, de coração e profissão? Era preciso acabar com isso, substituí-lo, pôr em seu lugar homens seguros, devotados à aristocracia, cuja energia não seria enfraquecida pelo sentimentalismo. A manobra falhou. Necker continuou no ministério. Então, o círculo do rei decidiu humilhar os Comuns, sob pena de irritá-los, marcando, para pôr cada um em seu lugar, a distância que separava um senhor de um plebeu, um prelado de um cura desconhecido. Em 2 de maio, os deputados foram recebidos pelo rei para a apresentação oficial. Os ministros e mestres-de-cerimônia haviam estabelecido um protocolo discriminatório que devia rebaixar o Terceiro Estado, para que todos vissem a importância que se dava às suas pretensões de rivalizar com as ordens privilegiadas. Seu lugar era e deveria sempre ser o último. O rei recebeu os nobres em seu gabinete, como amigos próximos, quase como iguais, prodigou-lhes atenções e afagos. Os Comuns desfilaram numa grande sala anônima, às pressas, como intrusos que se recebem sem prazer, diante de um monarca desorientado, incapaz de reconhecer um rosto ou citar um nome. A França esteve diante de seu rei como uma criança mal-amada que o pai não reconhece; o olhar distraído do rei abriu uma ferida que novas humilhações, sofridas em 4 e 5 de maio tornariam ainda mais dolorosa. Mas o triunfo dos privilegiados era apenas uma vitória do amor-próprio e uma vingança da fraqueza. Seu orgulho deveria elevar as suscetibilidades acima das provocações pueris e transformar a necessidade de consideração de burgueses ofendidos em causa nacional.

# Prelúdio

A abertura dos Estados Gerais causou forte impressão. Reacendeu a cólera porque exibiu solenemente a desigualdade. Por ocasião da procissão que aconteceu em 4 de maio, Versalhes viu desfilarem as ordens, e o Terceiro Estado, que teve que usar roupas negras, fazia figura de parente pobre perto dos bispos e da nobreza suntuosamente vestidos. No dia 5, na sala de cerimônias, sob os olhos da Corte, perto de 2.000 espectadores, o clero e a nobreza tomaram seus lugares à direita e à esquerda da tribuna real e só então o Terceiro Estado foi introduzido e os deputados amontoados em banquetas, separados por uma barreira das ordens privilegiadas. Não se ousou entretanto levar mais longe a humilhação e exigir que o Terceiro Estado falasse de joelhos, como queria a tradição.

## *Queda de braço nos Estados Gerais*

Enquanto isso, os Comuns se impacientavam: aquilo era uma brincadeira, as coisas sérias iam começar. O rei falaria, seus ministros indicariam suas intenções. Necker, em quem se depositaram tantas esperanças, purgaria a ferida, decidiria a questão, imporia a solução justa e esperada: a deliberação em comum e o voto por cabeça. Luís XVI só abriu a boca para aludir ao *"desejo exagerado de inovação"*. Era o rei, foi aplaudido. E esperou-se a voz do grande ministro. A espera foi frustrada. Necker não decidiu nada, mas seu discurso reavivou os temores. O rei, disse ele, só reunira os Estados por benevolência; não precisava deles nem para restaurar as finanças, nem para escrever uma constituição, nem para garantir as liberdades. Nem mesmo lhes consentia o direito de aprovar os impostos. Fez principalmente a apologia do voto por ordem. Depois, o rei encerrou precipitadamente a sessão, evitando com isso qualquer decisão, arriscando-se não só a decepcionar as expectativas e aumentar a frustração, mas também a provocar um conflito de resultado imprevisível entre o Terceiro Estado e os privilegiados. Certamente o rei e seus ministros julgavam mal a situação: com efeito, não compreendiam absolutamente nada, e não conseguiam avaliar a importância da revolução que se fizera nos espíritos: mas o momento de dar-lhe uma dimensão política e social não podia ser adiado por mais tempo sem risco.

Uma queda de braço começou entre as ordens que, a partir do dia seguinte, se reuniram em salas separadas como se não fossem uma única assembléia, mas três. A nobreza foi logo dominada por oradores decididos a não fazer nenhuma concessão, como d'Epréménil, Cazalès e La Queuille, que calaram as vozes conciliadoras de uma minoria liderada por jovens aristocratas liberais como La Fayette e o primo do rei, d'Orléans. O clero, em sua própria câmara, também estava dividido; uma maioria de curas, cujas origens os aproximavam do Terceiro Estado, hesitava, pois a disciplina eclesiástica os mantinha sob a dependência dos prelados. O Terceiro Estado queria a reunião das ordens, mas esperou-a em vão. As ordens privilegiadas, para tirar-lhe a ilusão, decidiram verificar, elas próprias, a força de seus membros. A nobreza foi a primeira ordem a constituir-se como assembléia isolada, e o clero, mais reticente, seguiu seu exemplo. A divisão das ordens ficava assim confirmada. Se o Terceiro Estado, jogando a toalha, se constituísse por sua vez, como já sugeriam certos deputados, a divisão seria consagrada; haveria três câmaras e os Comuns só teriam um voto diante da coalizão dos privilegiados. Os Comuns não caíram na armadilha e decidiram não fazer nada, esperar, dar tempo aos elementos moderados da nobreza e do clero para refletirem, para aderirem individualmente, enquanto a opinião pública faria um balanço dos erros e acertos de cada um. *"Os Comuns"*, afirmou Mirabeau, *"devem fundar toda a sua força atual sobre a imobilidade. Temporizar não é perder, mas ganhar tempo"*. A espera foi vã e, todos os esforços tendo fracassado, foi então necessário que o Terceiro Estado se decidisse.

Constituir-se em *Assembléia Nacional* seria certamente provocar uma réplica terrível, talvez a dissolução, que o partido de Artois preparava e queria impor ao rei: Necker seria demitido e substituído por homens de confiança que não recuariam diante dessa medida de exceção. Quanto a Necker, este estimulava o Terceiro Estado a constituir-se separadamente para abrir caminho ao bicameralismo — Comuns e Câmara Alta — sua solução para sair da crise. A ameaça de uma arbitragem real, cujo veredicto os Comuns temiam, se anunciava. Agora, era preciso agir depressa. Em 10 de junho, o Terceiro Estado decidiu intimar solenemente as ordens privilegiadas a se reunirem e, no dia 12, começou a chamada dos bailiados. No dia 13 os curas do Poitou se apresentaram, outros no dia 14. A opinião pública apoiava as intenções dos Comuns. O povo de Versalhes insultava os nobres até na porta da Assembléia e molestava os bispos. No dia 15, os Comuns se constituíram e, suprimindo com uma palavra as ordens privilegiadas, batizaram-se como *Assembléia Nacional.* Belo golpe de audácia que no entanto não deixava de inquietar os mais prudentes. A jovem Assembléia acreditou prevenir-se contra uma resposta autoritária previsível, que cassaria suas decisões, ou, pior, a dissolveria, declarando ilegal qualquer medida real que a desautorizasse e, somando a ameaça à autoridade, proibiu o recebimento dos impostos em caso de dissolução.

Era uma tomada de poder, um golpe de Estado diante do qual o rei e o ministério só tinham alternativa entre a capitulação ou a força. Se estivesse só, Luís XVI talvez tivesse cedido. Seu círculo não o permitiu. Seu irmão, d'Artois, o ministério inteiro, o próprio Necker, a nobreza, a Corte, o obrigaram a mostrar sua força. Sendo a idéia de uma dissolução rejeitada por Artois no último momento, por medo de uma guerra civil, todos aderiram ao projeto de uma sessão real, em que o rei, cercado de seus soldados, mantendo a assembléia sob ameaça, ditaria sua vontade. Mas o que seria essa vontade? Aqui, a facção de Artois e o partido de Necker não concordavam mais. O ministro só queria uma coisa: permitir que o rei retomasse a iniciativa e, para fortificar sua popularidade e seu poder, fazer importantes concessões que, satisfazendo a Assembléia, a jogariam nos braços do monarca. Necker aconselhava a Luís XVI dar garantias às liberdades, reconhecer o poder legislativo da câmara e seu direito à aprovação do imposto e proclamar solenemente o livre acesso do Terceiro Estado a todos os empregos. Se essa solução tivesse sido adotada, a Revolução não teria talvez acontecido. Ao contrário, tudo iria começar porque uma outra vontade prevaleceu: a de Artois, apoiado pela rainha, que confirmava todos os abusos, anulava todas as esperanças, restabelecia o Antigo Regime político e social como se nada houvesse acontecido.

No dia 20 de junho, os deputados foram afastados da sala das sessões, a pretexto de obras. Conduzidos por Bailly, seu presidente, encontraram refúgio na sala do jogo da péla, e, decididos a não se deixar intimidar, fizeram um terrível juramento: não se separariam antes de ter dado uma constituição à França. Mas todas as portas se fechavam para eles. Artois tinha alugado o jogo da péla; uma humilde igreja os acolheu e, no meio da infelicidade, tiveram um pouco de alegria: 150 curas e 3 bispos aderiram a eles. Mas, contra a força, nada podiam sua obstinação e esse sucesso. No dia 23, abriu-se a sessão real. O rei estava cercado de suas tropas. A guarda francesa e os regimentos suíços cercavam a sala dos Estados e patrulhavam Versalhes. O público foi afastado. O rei falou, mas a quem se dirigia ele? Aos representantes da França ou a súditos rebeldes sem desculpas nem direitos? O rei ordenou como senhor absoluto, como déspota, cassou as deliberações e decretos da Assembléia, restabeleceu o veto das ordens privilegiadas; não teve uma palavra para garantir as liberdades, não reconheceu nenhum poder a essa assembléia paralisada pela estupefação, não fez nem ao menos o gesto de justiça que talvez o tivesse salvo: a admissão de todos aos empregos públicos. "*Acabam os senhores,* disse ele, *de ouvir o resultado de minhas disposições e julgamentos, que são conformes com meu vivo desejo de fazer o bem público; e, se por uma fatalidade longe de meu pensamento, os senhores me abandonassem nesse tão belo empreendimento, eu o faria só, pelo bem dos meus povos.*" A intimidação e a chantagem da dissolução estavam claras. O Terceiro Estado, uma grande parte do clero, a nobreza liberal, ficaram aterrados. Os fanáticos da reação exultaram.

Tudo estava pois acabado e o rei, antes de encerrar a sessão, restabelecera os privilegiados em suas prerrogativas, anulara os esforços do Terceiro Estado, ordenara aos deputados que se retirassem imediatamente e se reunissem separadamente no dia seguinte, nas três câmaras destinadas a cada uma das ordens.

## *". . . só deixaremos nossos postos pela força das baionetas."*

Resistir era uma temeridade, porque a tempestade podia abater-se a qualquer momento sobre a Assembléia, mas a audácia também poderia vencer. Enquanto a nobreza, seguida pela maioria do clero, partia triunfante, os Comuns tomaram uma decisão corajosa e louca, que poderia provocar um drama ou a vitória: decidiram ficar onde estavam e, ignorando a proibição do rei, continuaram a deliberar. Já não era apenas desobediência, era rebelião. O grande mestre de cerimônias, o marquês de Brézé, enviado pela Corte para garantir a execução das ordens do rei, encontrou uma assembléia resoluta, ainda tímida e amedrontada, mas de súbito galvanizada pela voz de um tribuno, imperiosa e destemida. Mirabeau se levantara. Encarando Brézé, notificou-lhe, em uma frase cortante e orgulhosa, a vontade da Assembléia: *"Senhor, ouvimos o que foi sugerido ao rei, e não poderia o senhor ser seu representante junto aos Estados Gerais; não tendo aqui nem lugar nem voz, não lhe cabe lembrar-nos seus discursos. Entretanto, para evitar qualquer equívoco ou perda de tempo, declaro-lhe que, se está aqui para nos fazer sair, deve pedir ordens para usar a força, pois só deixaremos nossos postos pela força das baionetas."* Intimidado, vencido, desorientado diante dessa Assembléia que há um minuto antes parecia votada à nulidade, Brézé saiu sem lhe voltar as costas, como se faz para o rei, mostrando assim o respeito que ela lhe inspirava.

Que podia fazer a Corte? Os "duros" aconselhavam a violência. Mas o rei, acabrunhado pela impopularidade e cuja moderação rejeitava o uso da força, fatalista e irritado pelo excesso de conselhos que lhe davam, preferiu ceder. *"Se querem ficar, que fiquem."* A Assembléia acabava de ganhar. Armou-se logo de precauções, confirmou suas decisões anteriores e declarou imunes seus deputados. Entretanto, os privilegiados ainda não queriam crer em sua derrota. O rei não tinha soldados, tropas devotadas, mercenários que marchariam ao primeiro comando? Deixaria que essa Assembléia rebelde ditasse a lei? Os mais exaltados pensavam numa vingança terrível e faziam circular listas de proscrição.

Cercada de tropas, vigiada, ainda ameaçada, a Assembléia parecia muito fraca, incapaz de impor uma vontade que ainda não lhe reconheciam. Mas o espírito público estava tão exaltado que os movimentos nasciam espontaneamente, em Versalhes, em Paris, em toda a França, onde soprava um vento de cólera e revolta. Em 25 de junho, dois dias após a sessão real, uma autoridade irregular se constituiu em Paris: a burguesia parisiense tomava em suas mãos o destino da capital. Os eleitores, conduzidos pelo advogado Thuriot, instalaram-se na Prefeitura, exigiram a organização de uma guarda burguesa, isto é, que Paris se armasse, e protestaram contra as tropas postadas perto da cidade. No mesmo dia, os guardas franceses, retidos por seu coronel em sua caserna, desobedeceram, foram a Paris, misturaram-se fraternalmente ao povo do Palais Royal, e puseram-se sob a proteção e às ordens da Assembléia Nacional. Esta, em Versalhes, terminava sua reunião: a minoria da nobreza veio, à tarde, reunir-se aos Comuns e no dia 27, por ordem do rei, todos os privilegiados foram para a sala comum. A Assembléia estava agora completa, mas o poder passava para as ruas, ou melhor, a França naufragava na anarquia. Para puni-los por sua indisciplina (recusaram-se a atirar sobre o povo de Versalhes na noite de 22 para 23 de junho), o coronel do regimento dos guardas franceses aprisionara dez deles na Abadia e falava em transferi-los para Bicêtre, prisão odiosa, que estigmatizava os que tinham a infelicidade de lá entrar. À idéia de que soldados patriotas conhecessem a desonra por abraçar a causa dos parisienses, a capital inflamou-se. Uma tropa de amotinados, gente desclassificada e desordeira, mas com o reforço de curiosos, burgueses e camaradas dos guardas franceses detidos, correram para a Abadia, arrombaram as portas, os libertaram e carregaram em triunfo até o Palais Royal. Nas cidades, no campo, as cenas de desordem se multiplicavam. O pânico se instalou, temeram-se violências e pilhagens. Para prevenir as perturbações da ordem e, segundo boatos que corriam, para liquidar a Assembléia e aterrorizar

Paris, o rei mandara cercar Versalhes e a capital. Às pressas, chamara o marechal de Broglie, um brutamontes capaz de massacrar sem remorso à primeira ordem, e dez regimentos estrangeiros, mercenários que não hesitariam em atirar sobre a multidão e restabelecer a ordem num banho de sangue.

## *A corrida dos três poderes*

Doravante, três autoridades, três poderes apostavam uma corrida. A História, que investia o rei do poder conferido pela tradição e o mito, mantido pela presença dos regimentos e da artilharia; a Assembléia, revestida de legitimidade recente, ainda contestada, mas que, apesar de sua fragilidade, tinha o imenso apoio da opinião pública; a Rua, isto é, a desordem e o motim, pronta para usurpar os poderes legais, ao menor sinal de fraqueza ou à primeira provocação. De um lado, o rei, importunado por seus conselheiros, que controla as comunicações e dispõe suas baterias em torno de Versalhes e Paris. Do outro, uma população febril, que a cada dia perde um pouco mais o respeito e ganha audácia. No meio, uma Assembléia prisioneira de seus guardas, inquieta e escrava, que teme desastres, talvez matanças, e fala, já que não pode agir. Que poderia ela fazer? Uma única coisa: importunar o rei com suas queixas, suas lamentações, cansá-lo com petições e súplicas, abrir-lhe os olhos para os riscos aos quais sua obstinação expunha seu reino e até a ele próprio. Em 8 de julho, Mirabeau, o homem do momento, mas também o grande político que previa graves convulsões, talvez a guerra civil e um grande perigo para Luís XVI (*"É assim"*, dissera alguns dias antes, *"que se conduzem os reis ao cadafalso"*) não agüentou mais. Discursou aos colegas, suplicou-lhes que se mostrassem à altura dos acontecimentos; era preciso pressionar o rei, convencê-lo, era preciso que a Assembléia lhe ditasse o caminho a seguir, com respeito mas sem indulgência. A petição que redigiu e que uma delegação levou a Luís XVI pedia em termos submissos mas firmes a retirada das tropas e dos canhões e a desautorização dos conselheiros pérfidos. A resposta do rei soou como ameaça: se a Assembléia tinha medo, dizia ele numa paródia cruel, podia transferir-se para a província. Inconsciência fatal! Enquanto a Corte acabava seus preparativos, e os contra-revolucionários mais resolutos já cantavam vitória, a tensão subia em Paris; oradores de esquina, em palanques improvisados, alimentavam a exaltação de uma população angustiada, minada pelo medo — os soldados não iam, de uma hora para outra, lançar-se sobre Paris e massacrar todo o mundo? — e pela fome: o preço do pão atingia seu recorde histórico. Diante das ameaças, a revolução era iminente.

Mas a Corte nada ouvia e nada via. Tranqüilizava-se com a presença dos regimentos, encorajava-se, acreditava que era chegado o momento da resposta. O golpe foi dado em 11 de julho. Soube-se ao mesmo tempo da demissão de Necker e dos ministros que o apoiavam, e da formação de um ministério da revanche: Breteuil, La Vauguyon, Broglie, os que haviam jurado que a revolução não aconteceria. A nomeação desse ministério era um símbolo. Significava ao mesmo tempo a determinação da Corte, a conversão do rei ao partido da reação, o recurso ao exército para domar a resistência, a recusa da reforma, a consagração dos abusos, privilégios para uns, exclusões para outros.

Se os governos morrem freqüentemente de estupidez, pode-se dizer que os conselheiros de Luís XVI bateram naquele dia um recorde histórico. Quando se pretende governar contra a opinião pública, só pode ser pelo terror. No mesmo dia da demissão de Necker, seria preciso jogar as tropas sobre Paris, e já que se queria restabelecer o despotismo, agir como déspota. Mas a Corte avaliara mal a medida do descontentamento. Segura de si, acreditou que sua autoridade era respeitável, e que seria pois respeitada. Entretanto, diante da provocação, a cólera e o medo pânico que se apoderaram dos parisienses só podiam desembocar numa réplica violenta: a insurreição, a tomada da Bastilha, o atestado de óbito de um Antigo Regime morto por não compreender que o momento das concessões e das reformas tinha chegado e que, para garantir sua sobrevivência, deveria guiar-se pelos costumes, pela sensibilidade e pela mentalidade da sociedade. Findara o tempo dos reis taumaturgos. Não querendo se adaptar, o fóssil desejava continuar reinando. Sua obstinação foi interpretada como um desafio do arcaísmo à modernidade, das forças do Mal, simbolizadas por um aparato de opressão, injustiça e arbitrariedade, ao Bem, que se chamava liberdade, eqüidade, igualdade.

## *A Bastilha, lugar mítico*

Não é por acaso que a insurreição se precipitou contra a Bastilha, essa fortaleza onde o despotismo encerrava suas vítimas e que a imaginação, nutrida de história e ficção, erigira como templo da crueldade e do horror. O mito mesclado de angústia e fantasmas terríveis identificara tão bem o regime à cidadela do pesadelo que bastou que uma fosse abatida para que a outra desmoronasse. A história da monarquia e a lenda da Bastilha cresceram juntas: confundidas na mesma execração, pereceram no mesmo dia e a queda que abalou as pedras desestabilizou definitivamente o rei.

A Bastilha... um conto de terror do qual nasceu a história: em suma, a literatura à mercê da autenticidade.

No fim do século XVIII, a Bastilha era ao mesmo tempo um anacronismo, uma provocação e um lugar mítico, o equivalente dos castelos mal-assombrados das velhas lendas para onde convergiam o medo e a alucinação; essa cidadela provocava nos franceses os mesmos terrores que a feiticeira da fábula no espírito das crianças. Em um outro nível de consciência, ela alimentava também uma reflexão política, pois se tornara o símbolo visível do absolutismo, do direito divino e da arbitrariedade que a opinião pública denunciava agora como vestígio de um passado de violência e injustiça que os progressos das "luzes" condenavam com todos os outros remanescentes de uma idade bárbara, para sempre terminada. Essa fortaleza que, com suas oito torres e suas muralhas, evocava uma Idade Média povoada de bruxarias e horrores, obcecava a imaginação, fazia tremerem os mais intrépidos e alimentava ressentimentos, nos quais se misturavam a angústia do desconhecido e do mistério, e a vontade de confundir na mesma reprovação o instrumento hediondo da justiça real e essa própria justiça, ao mesmo tempo que o regime disso se nutria. A Bastilha era, realmente, a fortaleza em que se enterrava, no segredo e na escuridão das celas, a justiça do rei. Pouco importava que a Bastilha não fosse o oitavo círculo do inferno, que os calabouços fossem na verdade reservados aos grandes criminosos e aos recidivistas: a imaginação inventava suplícios, violações, crueldades medievais e, obedecendo à moda, requintes de tortura rivalizando com os horrores dos déspotas orientais. Essa fama aumentava sem parar, estimulada pelo segredo, aumentada pelas revelações e testemunhos dos embastilhados que acrescentavam às suas observações os fantasmas de uma imaginação à altura da angústia que essa fama gerava.

Os cárceres onde se encerravam os prisioneiros tornavamse, na tagarelice dos escritores, cloacas onde poderiam a qualquer momento se afogar; se escapavam ao frio, à água, à escuridão, eram devorados por bestas imundas; se por uma resistência sobre-humana passavam por todos esses perigos, deviam temer ainda mais os carcereiros, menos tolerantes que as feras, cuja selvageria lhes fazia sofrer mil sevícias piores que a morte. A detenção na Bastilha era cercada de tanto mistério — prisioneiros arrebatados à noite, conduzidos à fortaleza no maior segredo — que parecia tratar-se não de uma ordem de prisão, mas de uma desaparição, de uma desmaterialização inexplicável e ainda mais terrificante para a família, os vizinhos que temiam por si mesmos, que poderiam ser, amanhã, por sua vez, vítimas dessa viagem misteriosa para um além povoado de fantasmas de onde nunca se voltava. A Bastilha tornara-se algo além da razão, da justiça, do inteligível, algo além do universo correcional: este, apesar de sua dolorosa realidade, sua infâmia, suas torturas, era tranqüilizante; as prisões mais ignominiosas, onde as condições de vida dos detentos eram subumanas, podiam comover a sensibilidade, mas não incendiavam a imaginação, não faziam nascer o terror pânico. A Bastilha era monstruosa porque engendrava visões: o surrealismo do terror, tão bem descrito nos castelos e conventos do marquês de Sade, onde o inimaginável se torna possível, nasceu sob o teto e nos subterrâneos dessa cidadela diabólica, onde se realizam todas as perversões produzidas pelo inconsciente dos homens aterrorizados.

A Bastilha é, no entanto, a maior realização histórica da mitomania, uma produção hollywoodiana cujos diretores foram a angústia visionária dos humildes e o imaginário erudito dos letrados, o medo supersticioso de uma pobre mulher que um século antes seria dita "possuída", e a criação literária e libidinosa de espíritos "esclarecidos" como Voltaire, para quem o mito era um substituto obrigatório do preconceito e da censura. A lenda da Bastilha era a resposta ao mesmo tempo ingênua, passional e erudita à insuportável contradição entre um regime no qual o direito era a regra comum e suas excrescências herdadas do passado. O "bel-prazer" e, segundo o caso, o capricho, o rancor ou a generosidade do soberano podiam substituir a ordem legal para impor sua vontade, ato de justiça aos olhos da tradição, e justiça santa, essencialmente superior à dos tribunais, simples delegação subalterna da justiça eminente do rei, mas abuso revoltante aos olhos do século do racionalismo, ao qual a natureza transcendente do soberano aparecia apenas como álibi cômodo para a tirania ou, como se dizia então, para o despotismo.

A divulgação estrondosa que pretendia "revelar" a Bastilha, seus horrores, suas monstruosidades, suas abominações, que pareciam reduzir as horríveis visões dantescas à dimensão humana, não resiste aos cálculos dos historiadores que mediram a duração das detenções, as condições de internamento, as razões das penas. É espantoso, ao ler os melhores dentre eles, ver como o mistério se dissipa tão facilmente, mas também espanta ver como se adensa um mistério ainda maior (mas que é comum a muitos outros regimes), essa mania do segredo. Parece que todo governo cultiva o segredo, e a opinião pública não consegue suportá-lo sem procurar uma compensação — uma explicação — sempre desfavorável ao poder, em conjeturas em que se misturam frustrações, esperanças e rancores. A isso vêm acrescentar-se, no século XVIII, verdadeiras inabilidades que se perdoam tanto menos quanto mais conhecidas são suas vítimas ou porque seu caso tem valor simbólico: embastilhar Voltaire ou Marmontel, no século em que não se jura mais por Deus, mas pelos Filósofos, é de fato, mais que uma inconseqüência, uma infantilidade suicida, uma blasfêmia digna de excomunhão.

A realidade da Bastilha parece pois, sob muitos aspectos, anódina. Primeiramente, ela é apenas uma das numerosas prisões de Estado onde, por "ordem régia", o rei encerra quem quer pelo tempo que quiser. Mas nem Vincennes, nem Pierre-Encize, nem Pignerol, nem nenhuma outra fortaleza suscitou tanta cólera nem fez nascer tais imagens em que o romanesco se mistura ao pavor. Nenhuma prisão tornou-se o duplo do poder monárquico, uma espécie de bandeira do terror que este inspirava, do medo supersticioso que durante muito tempo curvara os homens sob o respeito. No momento em que desaparecia o sentimento do sagrado, esse símbolo deixava apenas um gosto amargo de opressão e incompreensão, e transformava aqueles que punia, mesmo com razão, mesmo com moderação, em vítimas expiatórias de uma força monstruosa, cujos desígnios tenebrosos escapavam ao entendimento dos homens e não levavam em conta nem justiça, nem humanidade, nem razão. Se a Bastilha tivesse sido ao menos uma prisão repleta, superpovoada, se tivesse recebido multidões de detentos, se o embastilhamento tivesse sido uma prática constante e banal, seria possível explicar o ódio que inspirava pelo uso excessivo de uma conduta que só podia justificar-se a título de exceção. De fato, os quarenta prisioneiros que a Bastilha recebia cada ano, sob Luís XIV, e depois sob Luís XV, e que, na maioria, não ficavam lá mais de um ano, representam apenas um número irrisório em relação à massa dos detentos da justiça comum. Sob Luís XVI, tempo em que a justiça de exceção é contestada e até condenada pelos próprios ministros, esse número nunca é atingido, a média das admissões cai a mais de 50% e aproxima-se de zero às vésperas da Revolução. Fora dos períodos em que o governo domina uma oposição julgada insuportável (o início do reinado pessoal de Luís XIV, os anos de luta muito ativa contra os protestantes ou os jansenistas), a Bastilha só recebe contingentes reduzidos de escroques, falsários, espiões, prisioneiros que o rei, por consideração ou pena, quer subtrair à justiça comum para evitar-lhes um suplício maior, e pessoas comuns, freqüentemente jovens culpados de escândalos, que o rei, durante algum tempo, afasta das tentações, a pedido de suas famílias.

Exceto raros detentos cujas condições de internamento, em calabouços ou células situadas sob o telhado (onde não se podia ficar de pé), eram efetivamente dramáticas, os embastilhados não conheciam outros rigores senão a privação da liberdade, muito penosa, é verdade, na ignorância em que se encontravam da duração de sua pena. Mas, de resto, a vida material estava assegurada satisfatoriamente e às vezes até com conforto. A Bastilha era, ao menos para os mais favorecidos, uma prisão quatro estrelas: quartos espaçosos que o prisioneiro podia guarnecer com seus móveis, comida passável e de acordo com a posição social de cada um, com a possibilidade de melhorar o cardápio se se tivesse uma bolsa cheia, direito, em certos casos, de receber visitas e dar passeios no pátio ou no jardim. E o detento podia fazer-se acompanhar de um serviçal. As descrições idílicas da Bastilha não faltam, e Madame de Staal-Delaunay ou o escritor Marmontel conservaram de sua estada uma lembrança agradável. Eram, é verdade, hóspedes mimados; muitos infelizes tiveram uma experiência muito menos paradisíaca, e as sevícias e torturas, ainda que menos freqüentes que em muitas outras prisões, não eram desconhecidas.

Mas durante o tempo em que se aceitou a justiça do rei com confiança e amor, enquanto o rei se mostrou como *pai* de seus súditos, exercendo com eqüidade seu direito de correção, a Bastilha não foi contestada. Foi com o questionamento da dignidade paterna do rei que se começou a duvidar de que ele administrasse seus súditos como um bom pai de família, castigando os insubmissos e transviados com moderação; e foi então que o rei apareceu como um senhor, exercendo despoticamente um poder que só a fé no seu direito divino (ora contestado) poderia justificar. Assim, quando os jovens começaram a denunciar os excessos do poder paterno e a lhe negar o direito de pedir contra eles as "ordens régias", a Bastilha tornou-se o lugar geométrico para onde convergiam toda a recusa e toda a crítica contra uma autoridade cujo princípio se rejeitava, ao mesmo tempo que os valores que a justificavam. Se a autoridade que aprisionava perdia sua legitimidade, os prisioneiros tornavam-se vítimas ou mártires, perseguidos pela vingança e pela tirania: só podiam ser inocentes e seus sofrimentos se tornavam pois insuportáveis. Formou-se então um clima de desconfiança, elaborou-se toda uma retórica sobre imagens que impressionaram os espíritos; os jansenistas fizeram uma comparação comovedora entre seus correligionários embastilhados e os primeiros cristãos perseguidos, entre a Bastilha e as catacumbas. Canções divulgaram nas ruas e puseram ao alcance do povo o discurso erudito sobre a Bastilha desumana, infernal, onde cenas de horror se escondiam no silêncio e no segredo daquele antro de todas as perversões.

Os parlamentos não são os últimos a indignar-se. Esses donos da justiça comum, que condenaram tantos inocentes, o cavaleiro de la Barre, Calas ou Sirven por fanatismo, Lally-Tolendal por rancor e precipitação; esses parlamentares que mandam seus prisioneiros para Bicêtre ou para a Conciergerie, as mais horríveis prisões do reino, que se recusam a reconhecer a instituição do júri e se negam a conceder um Conselho aos acusados, essas boas pessoas reprovam também as "ordens régias": não é por generosidade, mas por desespero de ver os réus escaparem à sua severidade.

Sentimentos mais nobres levam os escritores, juristas, advogados a denunciar a justiça secreta e os abusos que acarreta. O sucesso de Beccaria (1764), que exige a publicação dos julgamentos e o abrandamento das penas, provoca o florescimento de uma literatura humanitária; ministros conquistados pelo espírito filosófico tomam medidas audaciosas que, por mais tardias que sejam, dão à opinião pública satisfações há muito esperadas. Malesherbes limita o uso das "ordens régias" e Lamoignon abole a tortura. Ao mesmo tempo, a Bastilha se torna alvo de artilharia pesada. De Mirabeau (*Das "ordens régias" e das prisões de estado*, 1782), a Servan (*Apologia da Bastilha*, 1784), cresce a indignação contra a justiça arbitrária, as falsas justificações da razão de Estado, o poder discricionário do rei e principalmente de seus ministros, autênticos fornecedores de "ordens régias" e embastilhamentos. A crítica utiliza ora a ênfase, ora a ironia, questiona humoristicamente a legitimidade transcendental do rei, como Servan, que exclama: *"A Bastilha é de direito divino"*. É o mesmo que dizer que o rei merece tanto amor e respeito quanto a própria Bastilha, e vice-versa.

Através de uma literatura de testemunhos, de grande sucesso, em que competem o romanesco e a observação, da narração das evasões de Latude às recordações de Linguet, constrói-se a lenda funesta da Bastilha, símbolo odioso de uma monarquia bárbara, alimentada por intrigas palacianas, crueldades e crimes. A invenção, por Voltaire, do Máscara de Ferro, o próprio irmão de Luís XIV, condenado pelo rei a perder até a identidade do seu rosto, mártir da ambição, vítima talvez de usurpação, enterrado vivo pelo capricho de uma tirania cujas orgias assassinas ultrapassam o horror das torpezas dos déspotas orientais, contribui para fazer da monarquia a encarnação do Mal e até levanta suspeitas sobre a legitimidade dinástica do rei. A monarquia, através da imagem satânica da Bastilha, tornou-se obsessiva, terrificante, criminosa.

A obsessão faz nascer o prodígio, e a profecia provoca o acontecimento. *As Memórias da Bastilha* de Linguet (1783) são ilustradas por uma gravura que representa um castelo em ruínas fulminado por um raio. Com efeito, um raio abateu-se no dia 14 de julho sobre o castelo da Bela Adormecida. Sempre presente na imaginação, oprimindo os espíritos, acirrando os terrores instintivos, a Bastilha já desaparecera dos planos de urbanismo que propunham, em lugar desse último vestígio dos pavores medievais e dos horrores da selvageria, praças arejadas e alegres, e estátuas de libertação. Alguns dias antes da Queda da Bastilha, um arquiteto sugeria a elevação de um monumento à glória de Luís XVI, *restaurador da liberdade pública*, sobre o local da cidadela arrasada. O que os "vencedores" da Bastilha tomaram, no dia 14 de julho, foi apenas uma miragem que já tinha desaparecido, como monumento à opressão, da paisagem urbana. Restavam o mito e seus símbolos, que guiaram os passos da insurreição e ditaram o grito que se elevou, em 14 de julho, dos milhares de peitos oprimidos, ansiosos por libertar-se de suas obsessões e de seus terrores irracionais: "*Para a Bastilha!*"

# A queda da Bastilha

## *"Traição! Às armas! Às armas!"*

A notícia da demissão de Necker chegou a Paris em 12 de julho por volta de nove horas. Numerosos parisienses já tinham deixado suas casas, as ruas estavam cheias, os jardins, o Palais-Royal, os bulevares, todos os lugares de passeio começavam a se animar. Logo que se soube que o ministro *patriota* fora substituído por um ministério de revanche, Paris deixou-se dominar pela febre e pela estupefação. A substituição de Necker significava, pensavam os infelizes, pão mais raro e mais caro, e os subúrbios tinham fome. A demissão do brilhante economista, do sábio ecônomo, discípulo de Colbert, anunciava, com certeza, a bancarrota, e os capitalistas puseram-se a tremer. O que seria da Assembléia com esse gabinete de soldados brutais que negavam qualquer reforma e só pensavam em reprimir? Certamente, corria-se para a dissolução, e todos viam o fim de suas esperanças. Espontaneamente, a multidão dirigiu-se em massa para o Palais-Royal, esse santuário onde a palavra era livre, onde as notícias circulavam, onde se podia, sob os olhos benevolentes do duque de Orléans, esse príncipe generoso e devotado à causa do povo, discutir, organizar-se, informar-se, trocar impressões. Alguns grupos já se formavam; havia como sempre, em caso de aglomeração, curiosos mais audazes que tinham suas idéias e propunham que se fizesse alguma coisa, que se organizasse uma resposta àquilo que se considerava como uma traição, como um atentado que não poderia ficar sem reação. Provocadores sugeriam soluções violentas e logo, de todos os lados elevavam-se gritos: Às armas! Às armas! A exaltação crescia, os curiosos, misturados aos patifes que o Palais-Royal atraía irresistivelmente, excitavam-se e sua reunião tomava um caráter de motim, enquanto homens mais enérgicos e decididos a não deixar apagar-se o fogo que se acendera espontaneamente tentavam dar uma certa ordem ao que era até o momento apenas um *happening*. Jovens vibrantes de cólera subiam sobre cavaletes e cadeiras, exortavam a multidão, pediam-lhe que não se resignasse, que resistisse às ameaças, que não esperasse ser tarde demais. Camille Desmoulins, cheio de entusiasmo e indignação, orador gago cuja retórica brilhava como o raio em imagens visionárias, dirigiu-se aos que o cercavam:

— *Senhores* — disse-lhes — *este é um começo de reunião cívica. É preciso que alguém se disponha e suba em uma mesa para falar ao povo.*

— *Fale!*

— *Muito bem!*

Com sua voz hesitante, dirigiu-se à multidão:

— *Cidadãos, não há um minuto a perder. Estou chegando de Versalhes. O senhor Necker foi demitido; esta demissão é a Noite de São Bartolomeu dos patriotas; esta tarde todos os batalhões suíços e alemães sairão do Campo de Marte para nos massacrar. Só temos um recurso, é correr às armas e tomar um distintivo para nos reconhecermos. Que cor preferem?*

— *Escolha!*

— *Querem o verde, cor da esperança, ou o azul de Cincinato, cor da liberdade da América e da democracia?*

— *O verde, o verde, cor da esperança!*

E correram à procura de fitas ou puseram uma folha de árvore no chapéu. Se as manifestações se tivessem limitado a essa emoção do Palais-Royal, poder-se-ia acreditar numa conjuração: havia líderes, e a escolha de um sinal de reconhecimento reforçava a comparação. Mas era mesmo uma insurreição, e o Palais-Royal não tinha o monopólio da iniciativa. No Bulevar do Templo, uma enorme aglomeração de cerca de 6.000 homens se organizara em cortejo. A multidão fora buscar no museu de cera os bustos do duque de Orléans e de Necker, e a marcha começou, precedida por essas imagens idolatradas, o príncipe popular e inimigo da Corte, e o ministro-cidadão cuja partida era sentida como um desastre. O cortejo percorreu os bulevares, a rua Saint-Martin, a rua Saint-Denis, chegou enfim à praça Vendôme, onde um destacamento de dragões esperava os manifestantes. A multidão agitada e decidida engoliu os dragões e entrou nas Tuileries onde se chocou com o regimento de dragões reais que, na incapacidade de manobrar, perdeu toda a eficácia. O príncipe de Lambesc tentou em vão com seus cavaleiros desimpedir as Tuileries e teve que recuar para a praça Vendôme, enquanto os suíços, vindos em socorro, foram obrigados a retirar-se diante da multidão que aumentava e que os guardas franceses vieram reforçar com seu valor e sua experiência. Quando a noite caiu, a insurreição estava em superioridade. As tropas do rei tinham sido paralisadas e repelidas. Paris já pertencia aos revoltosos.

## *Motim ou insurreição política?*

Entretanto ainda era duvidosa a natureza de um movimento que, misturando burgueses ao povo humilde, e soldados amotinados à gente desclassificada, não parecia ter objetivos precisos. Tratava-se de uma insurreição política ou de simples motim causado pela fome, na mais pura tradição dessas "comoções" das crises do trigo, que os períodos anteriores conheceram tantas vezes? A noite pareceu trazer uma resposta justificando a última hipótese. Realmente, o alto preço dos víveres era então a maior preocupação dos parisienses, e o movimento da multidão, nessa noite quente de 12 para 13 de julho, é a prova disso. Os revoltosos dirigiram-se primeiramente às barreiras situadas no muro da alfândega,[1] o famoso muro dos coletores gerais, símbolo das taxas que as mercadorias pagavam para entrar em Paris. Vendedores de vinho que pagavam pesados impostos sobre o álcool, contrabandistas que assim destruíam ingenuamente seu ganha-pão, operários, desempregados, certamente também bandidos misturados aos descontentes atearam fogo a essas barreiras detestadas. Das cinqüenta e quatro, incendiaram quarenta e destruíram o muro onde puderam: reação espontânea ao medo da fome, à angústia do complô, que se acreditava permanente, urdido pelo fisco, pelos açambarcadores, pelos exploradores, às vezes pelo próprio rei. Velhos fantasmas, dos quais Luís XV também fora vítima, que obedeciam a medos vindos do fundo dos tempos e que ressurgiam à menor ameaça, quando se temia que o pão viesse a faltar e quando os infelizes tremiam pelo amanhã.

As pilhagens que se seguiram ao incêndio das barreiras não tiveram outras causas. Os amotinados atacaram os suspeitos de açambarcarem víveres, de possuírem imensas reservas. O convento de Saint-Lazare foi atacado dia 13 de manhã; achou-se óleo, vinho, trigo, que os guardas franceses, decididamente muito ativos e misturados aos saqueadores, levaram para os mercados. Todavia, os traços de arcaísmo tão evidentes nessas revoltas deixam entrever, aqui e ali, características

---

1 Muro construído sob o ministério de Calonne, para evitar as fraudes e obrigar todas as mercadorias que entravam em Paris a pagarem as taxas.

que anunciam a jornada de 14 de julho. Esses motins se produziram num contexto de crise política que podia a qualquer momento provocar uma perda de controle ou uma cooptação por parte de movimentos organizados. Se a multidão se levantou contra as prisões, na Force, na Conciergerie, e liberou os prisioneiros, foi sem dúvida em solidariedade aos pobres detentos cujos crimes se atribuíam à miséria; mas foi também porque a reivindicação de liberdade, tão eficazmente explorada durante a campanha eleitoral e no momento da reunião dos Estados Gerais, tinha penetrado até as camadas populares da população parisiense e porque, libertando os presos, a multidão se vingava do poder, símbolo da repressão e da escravidão.

Todavia, essas motivações mal afloravam à superfície das consciências; não se podia ainda prever que esses fantasmas levariam amanhã, num grande impulso, o povo à Bastilha, símbolo todo-poderoso da opressão. Também não se deve exagerar o caráter espontâneo de toda essa atividade; os ativistas do Palais-Royal, jornalistas, agitadores, tinham em parte teleguiado o movimento, lançado as palavras de ordem, encorajado os saqueadores e os rebeldes. Paris estava, desde então, abandonada ao fogo, escapava a todo controle, a toda autoridade; a anarquia mais total reinava na capital cercada mas de onde toda vigilância policial desaparecera e onde o medo da desordem e o medo dos soldados acantonados nas proximidades criavam um estado de tensão insuportável que atemorizava os burgueses, excitava o povo, fazia da cidade um barril de pólvora prestes a explodir.

Só a Assembléia dos eleitores, reunidos na Prefeitura podia ainda preservar uma aparência de ordem, canalizar a violência e, substituindo as autoridades legais, evitar o pior. Tomou medidas de urgência, fez soarem os sinos e acionou o canhão de alarme. Os parisienses preocupavam-se com a agitação, temiam por suas vidas e seus bens; ao mesmo tempo, estavam aterrorizados pela presença das tropas reais, que, pensava-se, estavam prontas a se precipitar sobre a cidade. Decidiram armar-se contra uma e contra as outras. Reuniram-se nos distritos, formaram guardas burguesas, organizaram corpos de guarda e patrulhas que percorriam as ruas. Faltavam armas, a Prefeitura só pudera distribuir algumas centenas de fuzis; ordenou-se a fabricação de lanças que ficaram prontas em algumas horas. Na Prefeitura, a Assembléia dos eleitores formou uma autoridade permanente, um comitê que deveria funcionar dia e noite, uma espécie de corpo administrativo fora da legalidade, cuja presidência foi confiada a Flesselles, primeiro magistrado da municipalidade. Esse comitê decidiu substituir a mobilização espontânea por uma milícia organizada, sob o comando do marquês de La Salle. Cada distrito forneceu um contingente, perfazendo um total de 48.000 homens. Logo que as patrulhas se formaram, perseguiram os agitadores, desclassificados, ladrões e bandidos que se misturaram à multidão. Na noite de 13 para 14, alguns foram enforcados. Mas tratava-se também de defender Paris contra um assalto que se temia por parte das tropas reais. As armas eram poucas, Flesselles recusava-se a revelar onde estavam guardadas, ignorava-se ainda que nos Invalides havia um grande número delas. Um comboio transportando pólvora foi interceptado e conduzido à Prefeitura. Mas a desconfiança aumentava. Acusava-se Flesselles de enganar o povo e a Prefeitura de fazer jogo duplo. Mas os burgueses, que a violência do "populacho" exasperado fazia tremerem, aumentavam voluntariamente a confusão e, por sua atitude, aprovavam e talvez provocavam a insurreição previsível. Os banqueiros, os agentes de câmbio, inquietos com as conseqüências financeiras da dispensa de Necker, utilizaram a arma burguesa da fermentação revolucionária. Fecharam a Bolsa. É possível que também o dinheiro tenha dado sua contribuição ao movimento e que bandos de amotinados tenham sido pagos.

## *Pânico em Versalhes*

Em Versalhes, era grande a inquietação com o que acontecia em Paris. A Assembléia temia os movimentos de rua, o furor popular; a revolução devia ser feita na ordem e na legalidade. Os deputados eram homens ordeiros, possuidores de bens, homens de tribuna e de diálogo, horrorizados com os excessos que poderiam praticar as multidões descontroladas. Era preciso acabar com essas desordens o mais depressa possível. A Assembléia só tinha uma arma, a persuasão. Exigiu do rei a retirada de suas tropas, causa da agitação; insistiu, suplicou; em vão. Luís XVI foi irredutível e sua resposta aumentou a cólera: *"Participei aos senhores"*, disse ele, *"minhas intenções sobre as medidas que as desordens de Paris me forçaram a tomar. Só a mim compete julgar de sua necessidade e não posso, quanto a isso, mudar nada."* Certamente o rei era o guardião da ordem pública, e ninguém poderia contestar seu direito. Mas já se estava em situação revolucionária na qual o direito pertence a quem o toma e só encontra justificação na vitória. Não importa agora saber se o rei devia ceder ou correr o risco de uma guerra civil, agindo com rapidez e energia. Ele não cedeu, mas também não teve a ousadia de arremessar suas tropas sobre Paris: mistura de obstinação e fraqueza que evitou um banho de sangue mas fez a desgraça de Luís XVI.

A resistência do rei aumentou a ansiedade até a febre. A noite de 13 para 14 de julho foi uma noite de angústia, em que os parisienses velaram e tremeram. Boatos falsos, rumores incontroláveis corriam as ruas, propagavam-se de grupo em grupo, atiçando o medo e o furor. Dizia-se, repetia-se, que 15.000 homens marchavam para Paris, com ordem de queimar, massacrar, aniquilar; alguns já haviam sido vistos na rua Saint-Antoine, marchando com resolução para a praça da Grève, para forçar a Prefeitura. Grupos armados, inquietando os cidadãos pacíficos, precedidos de tochas, percorriam as ruas e um deles apoderou-se da mansão do subchefe geral da polícia. Os cidadãos se trancafiavam em casa, como que à espera de uma tempestade. O medo estava em toda parte, um medo de duas faces, no qual se confundiam o terror inspirado pelos malfeitores e o que nascia da presença das tropas e da vontade de repressão que se atribuía à Corte. Organizou-se a réplica. Levantaram-se barricadas nas ruas; os guardas franceses, passando para o lado da população, se reagruparam; a milícia se pôs em alerta. Na madrugada do dia 14, Paris tinha a face de uma cidade em revolta.

## Obter armas

Desde a madrugada, um grande número de cidadãos (7 a 8.000) reuniram-se na esplanada dos Invalides. Tinham um objetivo preciso: obter armas. O administrador, que não tinha ordens a respeito, não sabia o que fazer. A multidão pôs fim à sua hesitação arrombando os portões. As tropas, concentradas no Campo de Marte, não se moveram. Quarenta mil fuzis caíram nas mãos do povo, assim como doze canhões. Mas que fazer com eles? Não se achara nem pólvora nem cartuchos. Estes estavam na Bastilha.

Os boatos mais loucos corriam; viram-se hussardos no subúrbio Saint-Antoine, o administrador da Bastilha carregara e apontara os canhões. Temiam-se a surpresa e o massacre. Enquanto os Invalides caíam, sem luta, nas mãos dos revoltosos que não levaram um único tiro, um outro grupo de parisienses marchava para a Bastilha para exigir pólvora e armas. Não tinham ainda outro objetivo senão obter do administrador fuzis e munição. Quem teria pensado naquele momento em apoderar-se daquela fortaleza inexpugnável? Suas muralhas espessas, suas torres vazadas por seteiras, suas imensas reservas de pólvora, seus canhões, sua guarnição de veteranos e suíços, fraca é verdade, mas suficiente, tudo a tornava invencível. Mas o administrador, De Launay, era um homem fraco, irresoluto, inexperiente. Suas tropas estavam hesitantes; talvez recusassem atirar sobre os revoltosos e preferissem render-se à primeira intimação. Mas ainda não se chegara a esse ponto. Ninguém pensava ainda em tomar a Bastilha. O que se queria eram armas e a certeza de que os canhões apontados para o subúrbio Saint-Antoine não atirariam. Mais tarde, haveria mais coragem e mais ousadia. A Prefeitura, inquieta, enviou uma delegação para negociar a entrega da pólvora.

De Launay acolheu-a amavelmente e convidou-a à sua mesa. Enquanto almoçavam (por volta de 10h30m, conforme o hábito da época), a multidão crescia lá fora.

É fácil afirmar que essa multidão era o "povo", no sentido cívico do termo, ou, segundo outro ponto de vista, a "gentalha": ladrões, vagabundos, criminosos de todo tipo, bêbados, recrutados por manipuladores e pagos para fazer desordem. Mas sobre essa multidão misteriosa faltam informações precisas: não se conhece nem seu número nem sua composição social. Por outro lado, conhece-se bem o contingente da tropa de choque que formava a vanguarda ativa dessa multidão e que, efetivamente, tomou a Bastilha. Aqueles que não se contentaram em assistir ao acontecimento como simples espectadores, mas combateram, foram depois recenseados, inscritos em listas com nomes, endereços e profissões, e oficialmente reconhecidos pela Assembléia Nacional como os "*vencedores da Bastilha*". Em número aproximado de 800, esses homens não pertenciam à população flutuante da cidade: quase todos moravam (a maioria há muito tempo, mesmo se nasceram na província) no subúrbio Saint-Antoine ou nos bairros próximos de Saint-Paul e Saint-Gervais; algumas dezenas apenas vinham do centro, e uns poucos do subúrbio Saint-Marcel. Estavam inscritos na milícia burguesa e tinham todos uma profissão regular. Os "burgueses" entretanto eram raros. Ainda que se tenham registrado três industriais, quatro comerciantes, o grande cervejeiro do subúrbio, logo famoso, Santerre, o grosso da tropa era formado por pequenos produtores independentes, artesãos e oficiais de corporação; um terço aproximadamente era de assalariados da manufatura e da construção, e pequenos comerciantes. O mais jovem tinha oito anos, e uma única mulher, uma lavadeira vinda de Saint-Marcel, juntara-se ao grupo de homens. Havia, sem dúvida, vagabundos: em uma centena de desaparecidos durante o dia, muitos não foram procurados; certamente não tinham família nem domicílio fixo. Enfim, contavam-se no número de "vencedores" uns sessenta militares, entre os quais o segundo-tenente Elie que tinha feito a Guerra da Independência Americana. Pode-se duvidar, à vista dessas informações, que o levante de 14 de julho e a Queda da Bastilha tenham resultado de um movimento inteiramente espontâneo. Os desclassificados, se os havia, eram absolutamente minoritários; a maioria dos "vencedores" estavam regularmente inscritos na guarda nacional e pode-se pensar que tivessem sido mandados pela unidade de seu distrito, talvez com ordens precisas. Mas é menos evidente que Paris inteira os apoiasse, ainda que, posteriormente, a cidade lhes tenha concedido sua aprovação. O recrutamento, muito localizado, quase que exclusivamente limitado ao subúrbio Saint-Antoine, exclui essa hipótese.

## *"Entreguem a Bastilha!"*

Quanto à multidão passiva, concentrada ao pé da Bastilha e cujo papel se limitou a observar o movimento dos revoltosos e a encorajá-los com seus gritos, não se conhece exatamente a natureza de sua composição. Ela apresentava talvez maior variedade social; os curiosos viriam de horizontes mais diversos; não é absurdo pensar que os desocupados, os vagabundos, os ladrões que acompanham toda insurreição estivessem presentes no dia 14 de julho. Essa aglomeração, certamente considerável, esperava. A delegação da Prefeitura não voltava. Almoçava tranqüilamente com o administrador, mas a multidão não sabia disso e a Bastilha ameaçadora e povoada de visões ali estava, presente e inquietante. Então o mito se manifestou, correram os boatos mais alarmantes, imaginou-se um desfecho adequado à lenda: De Launay apoderara-se dos deputados, os mantinha como reféns, ou, pior ainda, jogara-os numa dessas horríveis masmorras que assombravam os pesadelos dos parisienses. Correu-se ao distrito vizinho, o de Saint-Louis de la Culture, onde se pintou o mais negro quadro da situação: De Launay preparava seus canhões e ia atirar sobre o povo. Os membros do distrito nomearam às pressas uma comissão encarregada de intimar o administrador a renunciar a seus planos de guerra. Um futuro convencional, o advogado Thuriot de la Rozière, a chefiava. Um veterano introduziu a comissão junto a De Launay, que Thuriot intimou a cessar a resistência e a entregar a fortaleza, não à multidão, mas à milícia burguesa:

"*Retirem os canhões*", disse ele, "*entreguem a Bastilha, deixem entrar a guarda cívica!*" O administrador recusou-se a capitular, mas afirmou à comissão suas intenções pacíficas e convidou-a a subir às torres para assegurar-se de que os canhões não estavam apontados. Do alto das torres, Thuriot mostrou-se ao povo que o acolheu com uma imensa aclamação. Sua atitude parecia ameaçadora, pois De Launay teve medo:

— *Que faz o senhor?* — disse ele. — *Está abusando de um título sagrado para me trair.*

— *E o senhor* — respondeu Thuriot — *se continuar com esse tom, declaro-lhe que um de nós cairá neste fosso.*

Depois de descer, esperando convencer facilmente esses soldados hesitantes, disse aos veteranos:

— *Obedeçam à necessidade, ou melhor, obedeçam às ordens da Pátria, que eu represento.* De Launay os manteve ainda na obediência e renovou suas garantias: só daria ordem de atirar se fosse atacado.

À saída, Thuriot não disse nada, causou uma grande decepção e foi vaiado. Sem falar à multidão (sinal do desdém que tinha por essa população vociferante?) foi ao distrito, depois à Prefeitura, prestar contas de sua missão.

Enquanto isso, diante da fortaleza, a tensão aumentava e a turba escandia slogans: *"Queremos a Bastilha! Soldados, desçam!"*

Na Prefeitura, os eleitores decidiram enviar novamente Thuriot, acompanhado do procurador do rei, para tranqüilizar o povo. Era cerca de uma hora. Foi então que se ouviu a detonação, depois o crepitar da mosquetaria. Lutava-se na Bastilha.

Depois da partida de Thuriot, a multidão irritada avançara contra a primeira ponte levadiça; das torres os veteranos gritavam:

*"Recuem, recuem ou atiramos!"* Mas suas palavras se perderam no vento. Os mais audaciosos da vanguarda revoltosa, armados de machados e malhos, romperam as correntes da ponte levadiça, que caiu ruidosamente. Os futuros "vencedores" precipitaram-se por essa passagem, invadiram o pátio da administração. Foi então que se deram os primeiros tiros, ouvidos na Prefeitura. Quem atirara? Os veteranos? Os agressores? De Launay havia dado ordem de fogo ou os suíços tomaram a iniciativa? De qualquer modo, os invasores responderam. De Launay organizou a defesa da ponte levadiça principal, que dava acesso ao pátio da Bastilha. Os revoltosos estavam expostos aos tiros. Atearam fogo a duas carretas de palha para esconder-se atrás de uma nuvem de fumaça.

Enquanto esses combates faziam mortos e feridos, a Prefeitura decidiu enviar uma segunda comissão. Esta deveria pedir ao administrador que cessasse o fogo e deixasse entrar a milícia. Eram duas horas quando chegou diante da Bastilha. A luta era intensa e homens caíam. A comissão não pôde passar e voltou sem negociar. A cólera aumentava entre os revoltosos: circulava o boato de que De Launay só os deixara entrar no pátio da administração para fuzilá-los mais facilmente. Então, o grito de *traição*, cem vezes repetido, elevou-se de todos os lados. Enquanto isso, uma nova delegação fora enviada pela Prefeitura. Foi acolhida por uma salva de mosquetaria e sua missão fracassou como a precedente. Uma terceira, uma quarta delegação não tiveram mais sucesso. As mortes continuavam a ocorrer, enquanto subia a febre dos invasores.

Enquanto isso, na praça da Prefeitura, um homem, o mais célebre dos "vencedores", chefe da lavanderia da rainha, Hulin, reunia os guardas franceses e os exortava a marchar para a Bastilha. Antes, em 12 de julho, no Palais-Royal, Hulin chamara o povo à insurreição. No dia 13, muito excitado, queria agir; encontrando Madame de Staël, filha de Necker, exaltou-se ainda mais: *"Eu quero"*, disse-lhe, *"vingar seu pai dos canalhas que querem nos massacrar"*. No dia 14, pela manhã, estava nos Invalides, depois foi para a Prefeitura. Na praça, encontrou duas companhias de guardas franceses e disse-lhes: *"Os meus amigos são cidadãos? Sim, sem dúvida. Marchemos então para a Bastilha; lá assassinam burgueses e camaradas seus, uns e outros são nossos irmãos. Deixaremos que eles sejam vítimas da mais cruel traição?"* Galvanizados, os guardas franceses, que já tinham dado provas de seu "patriotismo", alinharam-se, com os sargentos à frente. *"Marche"*, disseram eles a Hulin, *"e nós o seguiremos. A seu comando!"*

Às três horas e meia, Hulin e sua tropa, 36 granadeiros, 21 fuzileiros, 300 a 400 cidadãos armados e vários canhões, chegaram à Bastilha. Ao mesmo tempo, apareceu um outro grupo de cidadãos armados; este era comandado pelo segundo-tenente Elie, promovido há pouco à patente, depois de uma longa carreira de suboficial.

O ataque mudava de aspecto, já que agora os revoltosos tinham chefes.

Hulin dispôs os canhões em bateria, mas as balas eram ineficazes contra a espessura das muralhas. Apontou-os então para a ponte levadiça. Mas atrás achavam-se três canhões guarnecidos pelos suíços. Logo que a porta fosse arrombada, fariam fogo. Seria um massacre, mesmo que o ímpeto dos revoltosos levasse tudo. E o que aconteceria então à tropa! O administrador fazia todas essas reflexões, enquanto os veteranos, que não tinham nenhuma vontade de resistir, insistiam para que capitulasse.

Então, De Launay, seja por ter perdido a cabeça, seja porque acreditasse sua honra comprometida pela fraqueza da guarnição, ameaçou atear fogo às imensas reservas de pólvora. Se o tivesse feito, a Bastilha e uma grande parte do subúrbio Saint-Antoine teriam ido pelos ares. Os veteranos o impediram. Fez então passar um bilhete aos rebeldes, ameaçando executar seu projeto. Um clamor lhe respondeu: *"Abaixo as pontes! Abaixo as pontes!"*

Eram cinco horas. Os veteranos queriam capitular. Os suíços estavam inquietos; seu oficial dirigiu-se aos revoltosos, pediu-lhes para sair honrosamente com seus homens. Como recusassem, o oficial aceitou render-se, com a promessa de que a tropa seria poupada. O administrador teve que ceder. A ponte foi baixada. Os invasores penetraram por ela, desarmaram os soldados, saquearam a fortaleza, roubaram a pólvora. Os prisioneiros (eram apenas sete: quatro falsários, dois loucos e um filho de família rica que desonrara seu nome) foram libertados.[1]

---

1 Os dois loucos se chamavam Tavernier e White, um inglês; os quatro prisioneiros acusados de falsificação: Béchade, La Corrèze, Pujade, Laroche. O culpado de escândalo era o conde de Solages, preso a pedido de sua família.

A Bastilha caíra enfim nas mãos de seus "vencedores"! Mas fora a cidadela realmente tomada? Sem dúvida, houve combates, e aquele dia custara uma centena de mortes. Mas, se a guarnição tivesse concordado em resistir, a Bastilha seria inexpugnável. A defecção dos veteranos e dos suíços tinha obrigado o administrador a capitular. A fortaleza não fora tomada, rendera-se. O valor de algumas centenas de invasores nada teria podido contra suas altas muralhas, sem a fraqueza dos que tinham a tarefa de defendê-la. Só o administrador mostrara uma verdadeira determinação. E teve que pagar por isso.

De Launay foi levado à Prefeitura: bateram-lhe, insultaram-no, e gritos de morte o acompanharam. Cortemos-lhe a cabeça! Vamos enforcá-lo! Vamos atá-lo à cauda de um cavalo! O infeliz recebeu primeiro um golpe de baioneta no ventre, depois outro, e um tiro de misericórdia. Queremos ver a cabeça!, gritaram. Cortaram-lhe pois a cabeça; e o fizeram a faca. Três oficiais e três veteranos foram igualmente massacrados. Não se parou por aí. Flesselles, o magistrado que os eleitores tinham escolhido como chefe de seu comitê permanente, estava na mais falsa das situações: ao mesmo tempo homem do rei e da insurreição. Reprovavam-lhe não ter querido revelar onde estavam as armas e ter encorajado, num bilhete, o administrador da Bastilha a resistir. Flesselles justificou-se facilmente aos olhos dos eleitores. Mas, quando saiu da Prefeitura, foi abatido com um tiro. Passearam sua cabeça pela cidade, junto com a de De Launay.

Os parisienses não se alarmaram com essas matanças odiosas. Entregues à alegria de ter conquistado uma grande vitória sobre o *despotismo*, quebrando sua imagem detestada, preferiram esquecer esses horrores.

*"— É uma revolta?*
*— Não, Majestade, é uma revolução. . ."*

Em Versalhes, o rei ainda ignorava o que acontecera. Os parisienses continuavam inquietos. Atribuía-se ao monarca a intenção de cercar Paris e ir à Assembléia para reiterar as ordens do dia 23 de junho. A realidade era bem diferente: o rei, isolado, estava sem autoridade. Como teria podido resistir? As tropas reais, que não se moveram, e das quais algumas o traíram, passando para o lado da insurreição, não eram mais confiáveis. A qualquer momento, podiam desertar; o rei, que nem tivera a precaução de consolidar-lhes o zelo e a fidelidade, visitando os soldados, ficou abandonado. A Assembléia só foi informada da Queda da Bastilha no dia 14 à noite. Imediatamente, avisou o Castelo. O duque de Liancourt, camareiro-mor, tentou tirar o rei de sua apatia. Quando Luís XVI lhe perguntou: *"É uma revolta?"*, ele respondeu: *"Não, Majestade, é uma revolução."*

Essa revolução era ainda mais séria porque Paris tomara gosto pelo sangue; a anarquia e o crime podiam instalar-se na capital, o rei não tinha mais como restabelecer a ordem. Os soldados, descontentes com o enorme erro que se fizera, introduzindo na França a rude e desumana disciplina prussiana, os castigos corporais e os golpes com a parte plana do sabre, desertavam em massa e aderiam à revolução. O rei conhecia sua fraqueza; estava abatido e impressionado pelas execuções de De Launay e Flesselles. Liancourt lhe aconselhou que fosse à Assembléia. Nesta, que conhecia mal a situação e ainda temia as tropas, reinavam a incerteza e o medo. Ia-se assistir a uma reação do rei, a uma atitude brutal, a um epílogo sangrento? Então seria a guerra civil, sem dúvida. Decidiu-se enviar a Luís XVI uma última delegação. Mirabeau ditou-lhe estas palavras:

> "*Digam-lhe*", exclamou o tribuno, "*que as hordas estrangeiras que nos cercam receberam ontem a visita dos príncipes, princesas, favoritos e favoritas, e seus afagos, exortações e presentes; digam-lhe que a noite inteira esses satélites estrangeiros, saciados de ouro e vinho, predisseram com seus cantos ímpios a escravidão da França, e que seus desejos brutais invocaram a destruição da Assembléia Nacional; digam-lhe que, no seu próprio palácio, os cortesãos dançaram ao som dessa música bárbara e que assim foi a véspera da Noite de São Bartolomeu.*
>
> "*Digam-lhe que esse Henrique,*[1] *cuja memória o universo abençoa, esse ancestral que ele queria tomar como modelo, fornecia víveres à Paris revoltada que ele em pessoa assediava, mas que os ferozes conselheiros de Luís XVI fazem voltar o pão que o comércio oferece à Paris fiel e faminta.*"

## O rei em Paris

Essa bela peça de eloqüência-ficção nunca chegou ao rei. Este se decidira a ir à Assembléia e lá chegou quando a delegação ia sair. Luís XVI vinha, vencido, anunciar que dispensara as tropas. Foi, de início, recebido friamente. "*Que um morno respeito seja a primeira recepção feita ao monarca*", aconselhara Mirabeau; "*O silêncio dos povos é a lição dos reis.*" Mas logo a Assembléia cedera a seu entusiasmo. O rei foi aplaudido e conduzido pelos deputados, sob a aclamação do povo de Versalhes. Esses aplausos, esses gritos de alegria, diri-

1 Henrique IV, que teve que assediar Paris antes de entrar na cidade.

giam-se menos ao rei do que à sua capitulação; celebravam a vitória, a vitória da Assembléia, a vitória de Paris. Com efeito, Luís XVI caíra por terra e com ele tudo o que representava. Mirabeau formulou a conclusão: "*Todo o antigo edifício, gasto, corroído em todos os seus alicerces, podre em todas as suas vigas, caiu ao primeiro choque para nunca mais se levantar.*" Entretanto, o rei ainda não cedera tudo, e Paris queria que ele cedesse tudo. A capital, preocupada com seu aprovisionamento, ainda duvidando da atitude do rei, continuava em revolta. Arrancara-se o calçamento das ruas, ergueram-se barricadas, homens armados percorriam as ruas; os mensageiros da Corte, os das províncias eram interceptados. A Assembléia enviou uma delegação de deputados a Paris para tranqüilizar a cidade, informá-la de que a capitulação do rei era total, que a vitória era completa. Um *Te Deum* foi cantado em Notre Dame pelo arcebispo de Paris.

Os deputados voltaram a Versalhes, relataram a alegria de Paris, mas também a situação inquietante da cidade ainda sublevada, e ainda suas exigências: Paris ordenava à Assembléia, como se fosse a detentora do poder, que exigisse do rei a demissão dos ministros e a volta de Necker. Como poderia o rei resistir? No dia 16, deu ordem às tropas de recuarem, demitiu o ministério, chamou Necker. Luís XVI já não tinha mais vontade própria e agora Paris dava ordens à Assembléia. Mas a cidade, mas a Prefeitura ainda não estavam satisfeitas com tantas concessões. Obtida a capitulação do rei, queriam ainda sua humilhação. Exigiram que Luís XVI, despojado de suas armas e de seu poder, viesse consagrar, legitimar o triunfo da capital e pedisse a proteção daqueles mesmos que o tinham vencido. Enquanto seu irmão, d'Artois, e os primeiros emigrados tomavam o rumo do estrangeiro, o rei, no dia 17, foi a Paris. Na barreira de Chaillot, uma delegação da Prefeitura o esperava, com os soldados, os canhões, todos os troféus da insurreição. Foi Bailly, nomeado na véspera prefeito de Paris, que o acolheu com palavras que ressaltavam a submissão do rei, sua derrota e o caráter forçado da cerimônia: *"Henrique IV"*, disse ele, *"reconquistara seu povo, agora o povo reconquistou seu rei"*. A antítese humilhante marcava com uma bofetada cruel o rebaixamento da monarquia. O cortejo — 300 deputados acompanhavam o rei — atravessou as fileiras de guardas nacionais e uma imensa multidão. Houve gritos hostis, mas também vivas ao rei e principalmente vivas à Nação. Tudo isso parecia vagamente com um triunfo romano, no qual Luís XVI fazia figura de vencido. Na Prefeitura, Bailly ofereceu ao rei o distintivo tricolor,[1] o novo emblema da liberdade da França, e Luís XVI foi à janela, condecorado com o sinal de sua degradação, para satisfazer a turba aglomerada na praça da Grève, nos cais do Sena e nos telhados das casas. Depois, o rei escutou os discursos e confirmou todas as decisões de Paris: Bailly, o astrônomo pacífico, nomeado prefeito de Paris; La Fayette, o herói da América, eleito comandante da guarda nacional. Aceitando tudo, confirmando tudo, Luís XVI pronunciou algumas palavras, declarou-se satisfeito e voltou para Versalhes. Cumprira sua retratação pública.

## *Uma revolução ao mesmo tempo espontânea e provocada*

Em 1789 a revolução tornara-se tão necessária que era inevitável e tomava, de algum modo, um caráter de fatalidade.[1] Os

---

1 Em 17 de julho, a fita verde adotada quando da insurreição, mas que também era a cor do conde de Artois, foi substituída pelo distintivo tricolor, que associava as cores de Paris às do rei.

1 Esta constatação, quase todos os contemporâneos, a começar pelos que são classificados como contra-revolucionários como Rivarol, a fizeram; ela não prejulga a forma que a revolução iria tomar.

abusos, como se dizia então, acumulados e institucionalizados; as injustiças que mantinham numa inferioridade humilhante as classes esclarecidas e ricas que seu talento e seu dinheiro tornavam aptas a todas as funções que o preconceito e o interesse dos privilegiados lhes vedavam; a amenidade dos costumes que, durante o século XVIII, apagara progressivamente as distinções e estabelecera uma igualdade de conveniência; a ilusão de que o lugar de cada um dependia agora de seu mérito, que nada mais se opunha ao sucesso dos melhores; o desejo de que a competição, nascida da emulação, abrisse as perspectivas mais prometedoras àqueles que soubessem pôr sua ambição à altura de seu talento; em suma, a revolução dos costumes e o abrandamento, realizado de comum acordo, do preconceito de nascimento, exigiam que a lei viesse confirmar o que o tempo e a reflexão impuseram a todos os espíritos. A resistência de alguns devia necessariamente provocar nos outros resistência ainda maior, que encontrou, nas circunstâncias infelizes do ano de 1789, um apoio que ia talvez além do que se desejava. Isso precipitou, acelerou e brutalizou uma revolução que o rei e seus ineptos conselheiros não souberam prever e que escapou também aos Estados Gerais e a uma Assembléia que, desejando suas conseqüências, reprovava seus meios. O povo, ou como se dizia então freqüentemente, o populacho, assimilado aos bárbaros, descrito com as cores do crime e da antropofagia, este povo que se manipulava, mas do qual se tinha medo, mobilizara-se no dia 14 de julho e entrara em ação.

A Revolução de 14 de julho fora ao mesmo tempo espontânea e provocada. Seu caráter original, único em suas formas como em seus motivos, proíbe qualquer analogia com tal ou tal outra insurreição. Iniciada no arcaísmo das sedições do Antigo Regime, em parte provocada por sofrimentos reais — a fome, e, mais ainda, o medo obsessivo da fome — ela adotou, até a manhã de 14 de julho, suas estratégias e seus objetivos: pilhagem de armazéns de víveres, incêndio de barreiras fiscais, saque de casas onde se esperava encontrar alimentos. Só se propôs objetivos militares e políticos no momento em que o mito da Bastilha somou-se à inquietação com a liberdade da Assembléia e com a de Paris. Simples suspeitas bastaram para provocar esse desfecho. O rei havia certamente concentrado suas tropas, mas era pouco provável que delas se servisse; é possível que as tivesse mobilizado para ameaçar, não para atacar; para impor respeito, e não para correr o risco de uma confrontação da qual poderia sair a guerra civil. Seu caráter, certamente obstinado, mas estranho à violência, e até seu interesse — liquidar a Assembléia o teria levado ao desastre, à bancarrota, à perda total de seu prestígio e de sua autoridade — tudo se opunha a que ele escolhesse uma tal hipótese. Mas a dúvida se transformara em pânico, mas erros concretos foram cometidos. A demissão de Necker, decidida sem cuidado, foi inoportuna, a defecção de uma parte do exército, dos suboficiais cuja promoção estava bloqueada, dos soldados que não suportavam a dureza do tratamento que lhes era imposto, era previsível. Enfim, não se pode ignorar que a Revolução de 14 de julho, tacitamente encorajada pela resistência da Assembléia, foi manipulada pelos ativistas do Palais-Royal, de onde partiram as moções, as palavras de ordem, e cujo papel, aliás misterioso, não foi estranho ao sucesso daquele dia. Se a responsabilidade do ministério foi imensa, se a atitude da Assembléia justificou de alguma forma a insurreição de Paris, as obsessões e os fantasmas nascidos da desconfiança e da vontade de acabar de vez com um tipo de regime político e social universalmente desacreditado foram os motivos imediatos do 14 de julho, cujas conseqüências foram decisivas para o futuro da monarquia e para a evolução ulterior da Revolução. A insurreição socorrera a Assembléia, à qual havia também imposto suas ordens. Chegaria o tempo em que lhe ditaria suas leis.

Indo a Paris, o rei legitimara a insurreição e cedera em todos os pontos: dispensara as tropas, chamara Necker, aprovara a milícia burguesa e a nomeação do prefeito de Paris. A queda de braço entre a capital e a Corte acabava com a completa derrota da segunda. Esta o compreendera tão bem, que, no dia seguinte à Queda da Bastilha, os mais comprometidos, o irmão do rei, d'Artois (futuro Carlos X), os Polignac, alguns deputados, tomaram o caminho da emigração. Ao contrário, o povo de Paris, agora certo de sua força, exultava. Por isso, levantou-se uma questão: a insurreição tivera êxito. Não seria isso uma razão para renovar a aventura, contra o rei certamente, mas também contra a Assembléia, cada vez que Paris tivesse motivos de descontentamento? A força enorme de uma população fácil de comover e levar a excessos não poderia se tornar uma ameaça permanente para as autoridades constituídas, limitar sua liberdade, ou dela privá-las inteiramente? Entretanto, raros eram aqueles que pensavam nesses desdobramentos hipotéticos mas prováveis. O júbilo afogava todos os medos. A Bastilha fora tomada e, com esse símbolo espectral do absolutismo e do feudalismo, era todo o regime abominado que desmoronara. Tentava-se esquecer as desordens e os massacres que tinham acompanhado a "gloriosa jornada" e que a Revolução nascera sob o signo do sangue. Só se pensava na liberdade conquistada, na França nova que nascia e deveria realizar todas as esperanças.

## *O entusiasmo em toda a Europa*

Também a Europa só quis ver nesse dia memorável um benefício. Da Grã-Bretanha à Rússia, todos os meios esclarecidos se entusiasmavam. O Embaixador da Inglaterra, o duque de Dorset, orgulhoso de ver a França situar-se no mesmo nível de seu país, regozijou-se e concluiu suas palavras em termos que tornavam simpática a seus compatriotas a Revolução que acontecia na França:

> *"A partir deste momento, podemos considerar a França como um país livre, o Rei como um monarca cujos poderes são limitados, e a nobreza como reduzida ao nível da nação."*

Na Alemanha, apesar de alguma hesitação, foi geralmente na burguesia e entre os intelectuais que se manifestou um espanto maravilhado. O dia 14 de julho foi declarado *o mais belo dia que se viu desde a Queda do Império Romano* ou *a primeira pedra para a felicidade da Humanidade.* A emoção que dominou Joaquim Heinrich Campe, que veio a Paris em agosto, e a expressão que deu ao sentimento que o invadia então, revelam que o 14 de julho não era para muitos uma simples revolução parisiense. Parecia que todo o futuro da humanidade fora afetado, e o acontecimento se coloria de universalidade:

> *"A felicidade"*, escreve ele, *"de me encontrar neste exato momento na França, e, mais ainda, na capital deste país, no lugar de nascimento e no berço da liberdade francesa recém-nascida; neste exato momento em que os olhares do mundo inteiro, cheios de espanto e admiração, estão dirigidos para o centro onde se produzem os acontecimentos mais grandiosos e notáveis do mundo de hoje; neste exato momento em que, saindo do torpor de uma longa e vergonhosa servidão, desperta aqui uma vida que os Brutos e os Catões não desdenhariam conhecer; neste exato momento em que o espírito deste povo, até o das classes mais humildes, acaba de dilacerar, como teia de aranha, os limites de sua existência mesquinha e miserável de outrora, para elevar-se de um salto a uma altura de sentimentos e pensamentos onde os olhos ofuscados do estrangeiro só podem segui-lo com dificuldade, —*

*esta felicidade, eu a enumero com gratidão comovida entre os favores vários e imerecidos com os quais a Providência houve por bem distinguir minha modesta vida. Aqui, o simples espectador, com todas as suas forças e faculdades, encontra-se, não sei como, enobrecido ao mesmo tempo que os outros."*

O mundo inteiro se alegrou, até a cidade de Copenhague. Nada é mais revelador, na sua familiaridade, que este simples episódio: um dinamarquês, a quem acabara de chegar a narração do dia 14, voltou para casa exultante e disse aos filhos: "*Como vocês são dignos de inveja! Que dias felizes e brilhantes os esperam!*" E contou-lhes chorando a Queda da Bastilha, a liberdade conquistada, a igualdade de oportunidades, a esperança para todos. Parecia que a insurreição parisiense fizera cair os grilhões da Europa inteira.

## *Cenas de violência em Paris*

Mas em Paris a exaltação da vitória não tinha sufocado a violência latente. Nos dias que se seguiram à Queda da Bastilha, Paris foi palco de cenas selvagens, de massacres, apesar dos esforços do rei e dos magistrados para confiar aos tribunais o destino daqueles que se apontavam como inimigos do povo. No dia 23, o intendente de Paris, Foulon, e seu genro, Bertier, foram mortos com requintes de crueldade. Comprometidos com o ministério durante os dias críticos, foram acusados de contra-revolução. Atribuía-se a Foulon uma frase infeliz: o povo, teria dito ele, nasceu para comer palha. Torturaram-no e levaram sua cabeça pelas ruas de Paris. Essa cabeça foi dada a beijar a seu genro, que a Prefeitura não pôde salvar das mãos dos seus carrascos e que foi por sua vez assassinado.

A partir de então, Paris e também a Assembléia se dividiram. Houve aqueles que aprovaram os massacres, ou os cobriram com o véu da necessidade. Um jovem deputado, Barnave, que devia depois distanciar-se desses excessos da Revolução, pensou que poderia justificá-los com um sofisma atroz, que escandalizou muitos de seus colegas: *"O sangue derramado era assim tão puro?"*, indagou o leviano, que deu a alguns a impressão de ser um monstro. Os mais sábios tremeram, e até os que, com mais entusiasmo do que convinha, tinham celebrado *os prodígios de valor* praticados pelos revoltosos. Estes perceberam o perigo. Se tais atos se reproduzissem, se se tornassem comuns, seriam funestos à causa da liberdade; provocariam reações terríveis, voltariam a mergulhar a França na escravidão. Depois de ter humilhado o rei, o povo humilharia a Assembléia e se tornaria um déspota. O 14 de julho que fundara a liberdade podia também destruí-la.

Mas, naquele momento, exceto raros homens de Estado, que entreviam vagamente esses desdobramentos possíveis, a maioria extravasava sua satisfação. A Bastilha fora conquistada e com ela soçobrara tudo o que se odiava. Só se pensava em uma coisa: suprimir até a última pedra esse símbolo execrado, riscar de Paris essa fortaleza arcaica, que se fizera o emblema do despotismo e da violência, dos privilégios e do feudalismo. O espírito mercantil pôs-se a serviço dos sonhos idealistas. Um empreiteiro, um certo Palloy, dispôs-se a fazer a demolição. Esse farsante, que se fazia passar por herói, por um dos "vencedores" da Bastilha e se chamava a si próprio *patriota Palloy*, obteve a empreitada, contratou centenas de operários — pelo menos deu trabalho aos desempregados — e a destruição começou. Resgatou cada pedra, nelas mandou esculpir centenas de pequenas Bastilhas, e ofereceu-as, na França inteira, às municipalidades. Com um lucro substancial, evidentemente. Com o ferro, fabricou medalhas e todo tipo de lembranças. Transformado em caixeiro-viajante do 14 de julho, espalhou aos quatro ventos sua quinquilharia comemorativa e banalizou em toda a França a memória daquele dia glorioso.

## As conseqüências

A primeira conseqüência do 14 de julho foi a anulação do poder do rei e de todos os que recebiam dele uma fração de autoridade, intendentes, administradores, "funcionários", que às vezes fugiam diante dos perigos que os ameaçavam. Quando o governo é nulo e impotente, o poder pertence àqueles que o tomam: as assembléias de eleitores, os agrupamentos, a rua. Durante o mês de julho e as semanas seguintes, enquanto a Assembléia definia seus próprios poderes e determinava a parte de autoridade que seria atribuída ao rei, em toda a França as cidades se organizavam à maneira de Paris, destituíam as antigas autoridades e criavam novas, como se fossem repúblicas independentes. A revolução municipal organizou um novo equilíbrio social e aumentou a autonomia urbana. Os motins espontâneos causados pelas dificuldades de aprovisionamento, pela carestia e escassez de produtos alimentícios, ou as reações em cadeia quando chegaram as notícias, aqui ruidosas, ali mais abafadas, dos acontecimentos da capital, da demissão de Necker que provocou imensa emoção, ou a Queda da Bastilha que despertou tanto entusiasmo, deram às cidades o sinal da insurreição: em alguns dias cumpriu-se o que se chamou apropriadamente *municipalização* da França, substituindo a administração oficial por municipalidades fora da legalidade e, com elas, uma representação *ad hoc* das forças revolucionárias da burguesia. Simultaneamente, uma agitação provocada pelo medo e a fantasmagoria apoderava-se do campo e provocava decretos da Assembléia que transformaram profundamente o regime rural, pondo fim ao regime feudal. A insurreição parisiense fora, em suma, a culminância das insurreições provinciais que se tinham desenvolvido de maneira esparsa há três meses. Mas deu aos movimentos revolucionários, até então desconexos, um novo impulso e uma certa unidade. Promoveu, quase no país inteiro, uma vontade comum em lugar da improvisação.

## *O "complô dos açambarcadores"*

A Revolução de 14 de julho fora provocada por medos e suspeitas que induziram a imaginação popular a dar livre curso a seus fantasmas, alimentados por ameaças reais ou supostas, mas que assumiram um caráter de evidência. Depois de 14 de julho, a safra se anunciava abundante, mas o medo da escassez não desaparecera, e os boatos mais infundados, e por isso mais eficazes, se espalhavam. A idéia de um complô, fomentado por aqueles que se começava a chamar os *"aristocratas"*, proprietários, coletores de impostos, negociantes, para matar o povo de fome, tinha ainda mais credibilidade porque o aprovisionamento continuava difícil e a colheita ainda não fora feita. Todos os que, a qualquer título, guardavam grãos ou farinhas eram suspeitos de ser açambarcadores, de reter as reservas e fazer subirem os preços. Os rumores mais loucos corriam as ruas: jogaram sacos de farinha no Sena, deram trigo para os cavalos da Cavalaria, envenenaram a farinha. Nessas condições, nada mais natural que a organização da caça aos *"açambarcadores"*, que se tornará um dos mais importantes dados sociais do período revolucionário. O furor contra todos os suspeitos de quererem vencer o povo pela fome, a fim de derrotar a Revolução, acabava muitas vezes em cenas de violência. A isso se acrescentava o medo que, no fim de julho, transformou-se em pânico em quase todo o país. Malfeitores, vagabundos, que a polícia e o exército desorganizados não perseguiam mais, podiam com toda a tranqüilidade extorquir e roubar. Mas a imaginação fazia prodígios e os boatos circulavam de província em província com a rapidez do raio. Aqui, viam-se bandos enormes, uma multidão de bandidos que saqueiam e queimam as colheitas. Ali, eles vão chegar, chegaram à aldeia vizinha, estão chegando. O Grande Medo se instala. Os habitantes se reúnem, armam-se, revistam os bosques; não acham nada, mas o pânico continua e os camponeses permanecem em estado de alerta. Nas cidades, as milícias patrulham, em busca dos criminosos. Já que se está armado e em pé de guerra, ataca-se tudo o que se odeia, tudo o que se teme, os edifícios públicos, as coletorias de impostos, casas de negociantes, e a violência se multiplica. O medo e o furor provocam uma temível *jacquerie** : os prelados, os nobres, os burgueses ricos, todos suspeitos de serem inimigos, partidários do Antigo Regime, transformam-se em objetivos que substituem os bandidos que não se encontram. Em 16 de julho, começa o saque dos castelos, principalmente do leste da Alsácia ao Dauphiné, mas outras regiões no Sul, por exemplo, são poupadas. Mas a pilhagem, a vontade de destruir, nem sempre são cegas. Um objetivo se torna claro: a destruição dos arquivos dos cartórios, de todos esses documentos que detalham as condições da dependência camponesa, de todos os signos do feudalismo que garantem o domínio dos senhores.

---

* Insurreição dos camponeses contra a nobreza, em 1358. (N. da T.)

## *A "noite de orgia" de 4 de agosto: o Antigo Regime está morto . . .*

Contra uma revolta tão brutal, em que a propriedade parecia ameaçada, em que os pobres pareciam armar-se contra os ricos, só havia duas soluções possíveis. Ou a Assembléia e o rei, de comum acordo, acionavam o exército, reprimindo a insurreição camponesa pela força; ou a Assembléia legislava e oferecia aos camponeses as concessões que devolveriam a calma ao país, abolindo o feudalismo. A Assembléia não podia escolher a primeira solução; ela se separaria do povo, a quem devia sua vitória, e passaria para o lado do rei e dos privilegiados, com os inimigos da Revolução. Mas obter da Assembléia a abolição do feudalismo parecia quase impossível. Entre seus membros, os senhores eram numerosos, e não apenas entre os nobres, e a supressão dos impostos e taxas senhoriais, como também a do dízimo, levantava um problema jurídico: não se tratava de uma verdadeira propriedade que a constituição deveria garantir por princípio? Não faltavam argumentos afirmando que era preciso distinguir propriedade e tributo abusivo; mas a Assembléia concordaria? Os mais ousados não tardaram a compreender a manipulação das Assembléias, a astúcia e as manobras que podem arrastá-las, seduzi-las; urdiram um verdadeiro complô que lhes assegurou o êxito.

Os deputados da Bretanha, a quem logo se reuniram muitos de seus colegas, tinham adotado o hábito de reunir-se em um clube (que se tornou mais tarde o clube dos Jacobinos) para discutir e escolher a tática a aplicar, desde a reunião dos Estados Gerais. Foi lá que se preparou a noite de 4 de agosto, em que, a partir da proposta de Noailles, um senhor sem direitos, e do mais rico proprietário da França, Aiguillon, decidiu-se a supressão do feudalismo. Essa medida excepcional, que deveria depois provocar muito remorso, foi tomada em clima de verdadeiro delírio, num transbordamento de generosidade, onde os deputados, movidos pela emulação, faziam questão de abandonar seus bens, seus privilégios, seus direitos.[1] Todas as servidões pessoais foram abolidas, os direitos senhoriais tornaram-se resgatáveis; o feudalismo terminara, e, no entusiasmo dessa "*noite de orgia*", aboliram-se igualmente as isenções, privilégios, desigualdades, incapacidades, marcas discriminatórias do Antigo Regime, das quais nada restou. Proclamou-se a igualdade diante dos impostos, a admissão de todos aos empregos públicos, a igualdade diante da lei e da justiça. Suprimiram-se os privilégios das cidades e das províncias, e o dízimo do clero, primeiro declarado resgatável, depois abolido sem indenização, após um debate vigoroso que opôs Sieyès a Mirabeau.

Em menos de um mês, a revolta popular tinha aniquilado o poder monárquico e levado a Assembléia a tomar medidas que deram à França uma nova face. A política rural transformada libertou o camponês de sua servidão e de seus constrangimentos, privando os senhores de uma parte de suas rendas e dos meios de tutelar o campo; a Igreja, privada do dízimo, devia sofrer uma profunda reorganização; a unidade jurídica do reino fora proclamada e a uniformização estava esboçada pela supressão dos privilégios das províncias: dentro em pouco a departamentalização a completaria. A Revolução, simultaneamente política e social, provocada pela crise de 14 de julho, precisava ainda de uma sanção oficial que consagrasse de modo solene as novas aquisições: foi a Declaração dos Direitos, adotada em 26 de agosto, que proclamou a liberdade e a igualdade civil, e o princípio da soberania nacional. Do Antigo Regime

---

[1] É evidente, e não nos deteremos nesse ponto, que a liquidação dos privilégios senhoriais não seria tão fácil se os senhores não estivessem há muito preparados para isso e resignados a esse despojamento; uma noite de entusiasmo não bastaria para explicar o gesto.

com seu rei absoluto e de direito divino, suas distinções de ordens, seus privilégios, nada mais restava, a não ser um monarca humilhado e despojado, cujo poder e cujas atribuições seriam decididos pela constituição.

Os cadernos, que unanimemente exigiram uma constituição monárquica, deixavam ao rei a plenitude do poder executivo. Desde 14 de julho, a demissão dos ministros impopulares e a volta de Necker, a Assembléia estabelecera um regime parlamentar de fato e instituíra a responsabilidade ministerial. Uma questão capital, porque influenciava a natureza do regime e decidia a autonomia ou a dependência do rei, levantava-se agora: o rei teria sua parte no poder legislativo? Em 27 de agosto, o conde de Lally, relator da comissão de constituição, propôs claramente a alternativa: o rei teria o direito de recusar seu consentimento aos atos do corpo legislativo ou seria obrigado a sancioná-los? Os partidários daquilo que se chamou *veto* tinham bons argumentos para defender sua causa: como poderia o poder executivo pôr em prática decisões que não aprovasse? Privá-lo do direito de participar da elaboração dos textos, com liberdade de aceitá-los ou recusá-los, não seria transformá-lo num executor hesitante ou rebelde? Tratava-se de uma decisão tão importante que a Assembléia precisaria de muita calma e independência para resolver com liberdade. Tal não aconteceu. O veto tornou-se um assunto de reflexão geral, era debatido na rua, muitas vezes sem se compreender o sentido dessa palavra obscura; os clubes, os jornais, os distritos tentavam influenciar a Assembléia e a pressão popular só lhe deixava uma pequena margem de manobra. Enquanto os deputados estavam divididos, a opinião pública fazia do veto uma calamidade. Mounier e a maioria da comissão de constituição se pronunciavam pelo veto. Sieyès, ao contrário, só à Assembléia atribuía o poder legislativo. Afastou-se a posição radical de Sieyès e o debate limitou-se à alternativa seguinte: veto absoluto, indefinido, ou suspensivo, limitado no tempo? Nessa ocasião, a Assembléia dividiu-se entre *direita*, onde patriotas moderados, como Mounier e Lally, somaram-se à facção aristocrática, e a *esquerda*, onde sobressaía um trio designado ironicamente pelo nome de *triunvirato*: um parlamentar, Duport, um aristocrata, Lameth, e um jovem advogado e brilhante orador, Barnave. Mirabeau, partidário do veto absoluto, não defendeu sua posição até o fim para não perder sua popularidade.

Em 11 de setembro, depois de uma longa discussão, às vezes muito viva, a Assembléia adotou o veto suspensivo, ao qual o próprio ministério aderira. Essa decisão aproximativa seria a causa de muitos conflitos futuros: o veto suspensivo, insuficiente para assegurar a autoridade do executivo, era bastante impopular para comprometê-lo, e logo se perceberam seus efeitos perniciosos. A Assembléia afirmara seu direito de dar à França uma constituição sem que o rei tivesse outra coisa a fazer senão aceitá-la sem discussão. Os decretos de agosto, considerados como constitucionais, reabriram a discussão, mas a Assembléia permaneceu unânime na afirmação do princípio que definira. O próprio Mounier declarara: *"O rei não tem consentimento a dar à constituição; esta é anterior à monarquia."* E Mirabeau insistira: *"Esse direito de impedir, esse veto, não pode ser exercido quando se trata de criar a constituição; não concebo como se poderia subtrair ao povo o direito de atribuir-se a si próprio a constituição pela qual entende ser governado de agora em diante."* O rei devia promulgar os decretos constitucionais, sem dar sua opinião. Era pois inútil enviá-los à sanção do rei: a Assembléia cometeu esse erro. O rei diferiu sua resposta: foi outro erro que iria acarretar conseqüências dramáticas.

## . . . mas Paris continua febril

Desde 14 de julho, a fermentação de Paris, quase permanente, sofria regularmente acessos de febre, e a suscetibilidade do povo crescia ao ritmo dos conflitos que opunham a Corte e a Assembléia. A Queda da Bastilha não pusera termo à agitação e à atmosfera de crise. A capital continuava permanentemente em estado de insurreição latente, com, aqui e ali, acessos de violência e exaltação, que a hesitação do rei em sancionar os decretos da Assembléia fizeram culminar, em outubro, numa nova explosão que encerrou provisoriamente a revolução começada em abril e manifestada uma primeira vez em julho. A filiação entre as duas grandes insurreições de 1789, evidente nos motivos alimentares e políticos, é ainda mais nitidamente marcada em seus resultados: a Queda da Bastilha e suas conseqüências imediatas tinham posto fim ao Antigo Regime político e social, despojado o rei da maior parte de sua autoridade, mas também, com as prerrogativas que lhe deixaram, instituído um estado de conflito permanente entre a autoridade da Assembléia e a autoridade monárquica. As jornadas de outubro, sem pôr fim a esse conflito, tentaram resolvê-lo submetendo o rei ao controle direto dos parisienses, sob a ameaça permanente de insurreição; mas ao mesmo tempo, condenaram a Assembléia à mesma posição de dependência e essa situação teria conseqüências incalculáveis no futuro da Revolução.

Desde julho, o nervosismo popular não se acalmara. Os males de que sofria a capital eram os mesmos. O número de desempregados não diminuíra, já que Paris continuava a ser invadida por uma população provincial, que a crise expulsara de suas aldeias. Abriram-se trabalhos públicos e oficinas de caridade que ocupavam mais de 20.000 pessoas em agosto. Eram centros de desordem inquietantes: assim, por medo da agitação, fecharam-se várias dessas oficinas e mandaram-se de volta, *manu militari*, muitos operários às suas províncias. Entretanto, o descontentamento não se esgotava; a municipalidade provocou a cólera dos artesãos, recusando-lhes aumento de salário; os artesanatos de luxo, como o dos fabricantes de perucas, eram as primeiras vítimas da emigração iniciada em julho; os servidores domésticos, excluídos por sua profissão dos direitos cívicos, faziam manifestações para obtê-los; os operários dos subúrbios, cujas inquietações não haviam desaparecido, organizavam quase diariamente manifestações que os reuniam aos milhares e que se propunham às vezes objetivos precisos, principalmente o assalto a igrejas, porque a resistência do clero à supressão do dízimo alimentava um anticlericalismo cada vez mais violento. Aliás, as ações punitivas não tinham findado. Mesmo com a baixa do preço do pão, a partir de 14 de julho, este era ainda caro e a caça aos *"açambarcadores"*, especialmente aos padeiros, continuava. O furor contra os que eram considerados responsáveis pela situação provocou mais crimes. Em 2 de agosto, o vice-prefeito foi assassinado por uma turba irada, composta de artesãos, assalariados e comerciantes. A municipalidade, amedrontada, resolveu reduzir o preço do pão. Mas a seca, que no fim de agosto paralisou a atividade dos moleiros, ameaçou a capital com a escassez de alimentos. Novos motins em Paris e Versalhes, mas o enforcamento de alguns líderes foi insuficiente para dominá-los. Aliás, um elemento novo aparecia: em julho, as manifestações eram essencialmente masculinas; agora, as mulheres, cuja repressão é mais difícil, intervêm maciçamente nos levantes, interceptam elas próprias as cargas de grãos e, para pressionar as autoridades, cercam a Prefeitura. Em setembro, a agitação ganhara todo o povo humilde de Paris, e os subúrbios, assim como os mercados do centro, onde se concentrava uma importante população feminina audaciosa e insolente de peixeiras e vendedoras, estavam em fermentação.

## *Sob a espontaneidade, a premeditação*

Mas é preciso não deixar-se enganar pelas aparências. Por trás da ilusória espontaneidade de um motim causado pela fome, adivinha-se um plano premeditado e, por trás da improvisação das mulheres, uma organização experiente. As jornadas de outubro são aliás uma recaída; um primeiro "golpe" já fora tentado; uma marcha a Versalhes, desde 30 de agosto, fora detida; o marquês de Saint-Huruge, um revoltoso do Palais-Royal, ligado a Orléans, deveria dirigi-la. Mas a manobra era prematura; não se pudera mobilizar a tempo o pessoal freqüentador dos desfiles e motins. Em outubro, ao contrário, a multidão estava disponível para uma nova aventura e os agitadores do Palais-Royal tiveram tempo de burilar seus *slogans* e difundi-los em Paris. Como em julho, com efeito, as palavras de ordem partiram do Palais-Royal, onde jornalistas, advogados, suspeitos de terem ligação com o duque de Orléans e que, de qualquer modo, exploravam as veleidades desse rico e poderoso personagem, tiravam proveito dos pretextos fornecidos pela Corte. O boato de que a Corte preparava um plano de retirada de Luís XVI para Metz, coisa aliás provável, e de onde ele voltaria à frente de tropas de emigrados e estrangeiros, corria na capital, e os guardas franceses já falavam em ir a Versalhes. A Corte replicou, convocando um regimento de infantaria para reforçar a guarda pessoal do rei, o regimento de Flandres, conhecido por sua lealdade. Sua chegada, em 23 de setembro, alarmou Paris e a tensão aumentou quando a guarda pessoal e os oficiais do regimento de Flandres assumiram atitudes provocativas.

Em 2 de outubro, em um banquete ao qual compareceram o rei e a rainha, calcaram aos pés o distintivo tricolor (ou ao menos foram acusados desse gesto pueril), e permitiram-se bravatas e ameaças contra a Assembléia. O Palais-Royal agitou-se, denunciou uma contra-revolução, e por seus jornais, nas mãos de Loustalot, Desmoulins e Marat, lançou as palavras de ordem que os deputados da Assembléia, como Duport, já tinham feito circular. Por sua vez, Danton, a partir do clube dos Cordeliers, agitava os distritos. Doravante, ecoava na capital um grito unânime: que o rei fosse levado a Paris. Esse objetivo era também o da maioria da Assembléia, ansiosa para ter o rei em suas mãos, e a insurreição que estourou no dia 5 de outubro a satisfez, enquanto amedrontava os moderados. Não se pode, certamente, afastar categoricamente a suspeita de um complô dinástico no qual estariam implicados, ao mesmo tempo, o duque de Orléans e Mirabeau, mas faltam provas para afirmá-lo. Os acusadores e as testemunhas ouvidos durante o processo aberto mais tarde no Châtelet e logo interrompido (por medo de revelações comprometedoras?) não permitem uma conclusão. De qualquer modo, em 4 de outubro, um domingo, uma grande concentração de mulheres teve lugar no Palais-Royal: propôs-se uma ida a Versalhes, e no dia 5 pela manhã a capital estava novamente em estado de insurreição. O movimento partira do subúrbio Saint-Antoine, e as vendedoras e operárias dos mercados do centro iam à Prefeitura para exigir pão e armas, enquanto os sinos tocavam a rebate. Essas amazonas intrépidas invadiram a Prefeitura, depois decidiram ir a Versalhes. No começo da tarde, o grupo se dirigiu para a praça Luís XV, recebeu a adesão das mulheres que encontrava, e aumentou a tal ponto que dentro em pouco contava 6 a 7.000 revoltosas. Formado essencialmente de mulheres pedindo pão, o cortejo preservava a aparência de um motim por falta de alimentos. Mas, na realidade, as mulheres estavam bem organizadas por líderes experimentados, por "vencedores da Bastilha" que não paravam, desde o 14 de julho, de fomentar agitações e apresentar-se como a guarda avançada da Revolução, Hulin ou Maillard, que lideraram a manifestação e a conduziram a Versalhes, onde chegou no início da noite. No primeiro momento, não houve violência nem mortes, mas cenas um tanto escandalosas ou cômicas: as mulheres invadiram a Assembléia, sentaram-se, com sabre e faca na mão, no meio dos deputados e se banquetearam na mesa do presidente. Maillard, que levava a sério seu papel de condutor de amazonas, falou à Assembléia, exigiu pão para Paris e punição para a guarda pessoal, que insultara a honra nacional. Seis mulheres foram enviadas em delegação ao rei, para apresentar-lhe seus respeitos. A noite foi calma em Versalhes, enquanto em Paris a guarda nacional, reunida a toda pressa, obrigava La Fayette a conduzi-la para marchar também para Versalhes: 20.000 homens lá chegaram antes do raiar do dia. De madrugada, no dia 6 aconteceu o drama: o castelo invadido, a vida da rainha ameaçada, um jovem morto e, em represália, guardas pessoais decapitados. La Fayette e a guarda nacional conseguiram tardiamente restabelecer a ordem. Mas a multidão não se acalmara e exigia a volta do rei a Paris. Foi preciso agir.

As jornadas de 5 e 6 de outubro tinham sido um grande triunfo popular, mas longa e seriamente preparado: sob a aparente espontaneidade de uma revolta provocada pela fome, adivinha-se um plano cuidadoso; sob a improvisação das mulheres, uma organização experiente. Se, em 14 de julho, os parisienses ficaram sabendo que podiam, com o motim, arrancar concessões, fazer vacilar o poder, obrigá-lo a recuar, perceberam, com as jornadas de outubro, que podiam ainda mais: mandar, sem que fosse possível resistir à sua vontade. A volta de Versalhes para Paris aconteceu num clima de terror e júbilo: cabeças de guardas pessoais brandidas perto da carruagem real,[1] gritos de alegria das mulheres, felicitando-se por trazer *o padeiro, a padeira e o pequeno aprendiz*. Instalada nas Tuileries, a família real estava agora na boca do lobo, e considerava-se, não sem razão, como prisioneira. A Assembléia, que a seguira, só tinha agora a liberdade que a sua popularidade ainda lhe dava. Mas quem poderia prever o futuro? À mercê de uma cidade revoltada, cujas autoridades não hesitariam em tomar a iniciativa da rebelião, quem poderia garantir a independência da Assembléia e a segurança do rei? Bastaria sublevar Paris para que uma recuasse e a outra ficasse ameaçada. Em nome do Povo, os amotinados seriam os senhores da capital, e à Assembléia, privada de liberdade e aterrorizada, restaria apenas obedecer as ordens. Os espíritos prudentes não se enganaram

[1] É possível que isso seja apenas uma lenda.

e, julgando que as jornadas de outubro inauguravam a era do terror popular, renunciaram a pactuar por mais tempo com uma revolução incapaz de assegurar a legalidade e conter os excessos da rua. Os moderados, tendo à frente Lally e Mounier, renunciaram a seus mandatos e fugiram para a província ou para o estrangeiro. Mirabeau, que seu gênio salvava do derrotismo, iniciou seu movimento em direção à Corte, julgando com razão que se podia ainda evitar o desvio da Revolução, ligando os interesses do rei aos interesses de uma constituição que, consolidados os benefícios adquiridos desde o 14 de julho, garantiria a autoridade contra a anarquia. A desordem só podia arruinar a França ou fazê-la cair, por uma inevitável reação contrária, numa terrível ditadura, na qual se anularia todo o proveito das vitórias conquistadas sobre as forças retrógradas e pereceriam a liberdade e a dignidade humana. As jornadas de outubro foram a conclusão lógica do 14 de julho: consolidaram e completaram a sujeição do monarca. Não é de estranhar que, depois de ter mostrado ao rei o seu poder, a revolução quisesse ter à mão a pessoa real, para controlá-la e submetê-la. Despojando o rei de sua liberdade, por isso mesmo desestabilizava a Constituição, privando-a de uma peça necessária ao seu bom funcionamento, condenando-a ao fracasso a curto prazo. A confiança recíproca entre as forças da Revolução e a monarquia, que a Assembléia quisera estabelecer pela partilha dos poderes, ficava desde o início combatida e viciada, no espírito do rei pelo sentimento da violência, e no espírito do povo pela suspeita, pois um rei que se pode constranger só pode inspirar o medo. Com efeito, um rei coagido torna-se necessariamente suspeito de sonhar com sua vingança e planejá-la secretamente, na sombra de seu castelo. Assim se preparava a engrenagem que levaria, em 1792, à última e decisiva violência contra o rei: obsessão do complô — manipulação dos motins latentes — insurreição. Eliminado o rei, a revolução, prisioneira de uma lógica inaugurada contra seus inimigos, verá o mecanismo voltar-se contra si, e por isso morrerá.

# Toda a revolução em germe

## *O 14 de julho abre uma era*

A queda da Bastilha já trazia em si o germe de toda a evolução ulterior e não se pode isolar o 14 de julho do conjunto do processo revolucionário, do qual esse dia marca a primeira aceleração. Essa data também decidiu, para o futuro, a forma e os meios de uma revolução que, desde então, cedeu aos fantasmas que a Queda da Bastilha revelara: o medo, a violência "purificadora", a lógica fria e cruel de uma marcha para a frente irresponsável e cega, o irrealismo do *sempre mais*, com seu cortejo de horrores e de idealismo suspeito, que tenderá cada vez mais a cortar a Revolução de suas raízes, a substituir as ambições legítimas que originariamente a tinham provocado por ideologias que a desnaturavam e precipitaram sua corrida para o abismo. O 14 de julho abrira um processo que ia pesar consideravelmente sobre toda a economia da Revolução e arrastá-la a saltos no vazio que arruinariam aos poucos os efeitos positivos daquela gloriosa jornada. A Queda da Bastilha pusera fim aos excessos despóticos da monarquia: a Revolução caiu na tirania; estabelecera o reino da liberdade: voltou-se para o sectarismo, para a inquisição, para a recusa do pluralismo, como nos piores momentos da história da monarquia. Porque não souberam respeitar a vida, porque não quiseram moderar ou conter os efeitos da sua vitória, as jornadas de julho e outubro, complementares em seu desenrolar como em sua intenção, arrastaram a França para o declive perigoso do tudo ou nada, longe de seu temperamento racional e de sua natureza ática que a leva para a tolerância e o equilíbrio.

## *A insurreição poderia ser evitada?*

Mas essa constatação não deve por isso resultar num julgamento negativo do 14 de julho, porque à pergunta: a insurreição poderia ser evitada?, é preciso responder categoricamente: não. A Queda da Bastilha era inevitável, por ser antes de tudo a réplica a uma provocação; porque a imprudência, a inabilidade e a incompetência estavam em torno do rei, e no rei a fraqueza. Quando uma elite dirigente sobrevive ao carisma que a admiração lhe assegurava ou à força que impunha o respeito, e perde a sabedoria de adaptar-se com a capacidade de inovar; quando essa elite opõe à evolução natural a rigidez do despeito e da raiva, quando, para salvaguardar interesses que a opinião pública assimila a extorsões, ela se recusa a qualquer concessão, quando enfim toda a sua filosofia se refugia numa estratégia de defesa e recusa, ela só aparece como um tumor predatório que provoca, em resposta, as convulsões do instinto de sobrevivência. A Corte e aqueles que a apoiavam tornaram-se os instrumentos da pior das violências, a da inércia mortífera, e os agentes de uma glaciação social que o 14 de julho conseguiu degelar, ao preço, é verdade, de uma regressão provisória que suas conseqüências negativas acarretariam mais tarde.

Certamente, pode-se estranhar que a monarquia, que soubera impor-se ao longo dos tempos como um organismo de modernização e instrumento eficaz do progresso, tenha revelado no fim de sua existência uma tal fraqueza próxima da agonia. Podem-se investigar as causas que esterilizaram suas faculdades de inovação, pode-se deplorar que a monarquia que soubera fazer a França não soube fazer a nação francesa. O egoísmo e a incompreensão de um punhado de privilegiados fanáticos (que não se deve confundir com o conjunto de uma nobreza que era, também ela, vítima, e desejava uma grande modernização do regime), que fizeram da salvaguarda de seus monopólios a razão de ser do Estado, e da monarquia o escravo de seus preconceitos e o mártir de sua incapacidade, são suficientes para explicar o esgotamento de uma instituição devorada pela expansão de um câncer mortal que a nação diagnosticara com toda a lucidez do medo e combatera com a energia desesperada que o instinto da vida sugere aos organismos doentes. A monarquia, caída nas mãos culpadas de uma oligarquia ávida, estúpida e cínica, privada de suas faculdades seculares de adaptação e depois despojada simultaneamente de seu mistério e sua eficiência, da carga emocional que a recomendava aos corações, e de seu dinamismo que a elevara ao posto de condutor da modernidade, a monarquia, pois, perdeu subitamente, quando uniu seu destino ao de uma elite estéril, todo o seu capital e sua força vital. Não perdeu apenas seu crédito, mas todo o impulso, toda a força para empreender, toda a energia para querer, a não ser negativamente. Seus partidários, animados de um zelo furioso e interesseiro, a tinham privado de toda a sua seiva, esvaziado de toda a sua substância criadora; sugaram seu sangue até a última gota, restando apenas um regime moribundo que se queria manter de pé pela força do terror que ainda inspirava. A monarquia foi, antes de mais nada, a vítima daqueles que lhe recusaram o direito de rejuvenescer e os meios de operar uma modernização necessária que, salvando-a, poupasse o país de tantas e tão dramáticas convulsões. Na França, como se afirmou depois, os governos morrem freqüentemente de estupidez. Nunca essa análise foi tão exata, e aqueles que aconselharam ou enganaram o rei foram os primeiros artífices da Revolução, que a provocaram por sua obstinação, e que carregam, como todos aqueles a quem paralisa a superstição do imobilismo, a mais pesada responsabilidade pela forma dramática que tomaram os acontecimentos de 1789.

Pode-se deplorar que a insurreição tenha sido violenta; pode-se datar, talvez com razão, de julho de 89 o começo do terrorismo; pode-se sonhar com uma revolução "suave", à inglesa (mas a própria expressão induz a erro: a revolução de 1688 fora precedida de uma outra que destacou-se pelos mesmos excessos, a mesma intolerância, a mesma violência que a nossa); mas é preciso não pecar por ingenuidade. A resistência cega que a minoria estéril de um *establishment* desorientado opôs à vontade de toda uma nação e ao reconhecimento dos valores que a modernidade tinha imposto a todas as elites, e que a opinião pública fizera penetrar até os confins da sociedade, devia infalivelmente provocar uma reação brutal. Sem essa reação, a intolerância obsessiva dos que cercavam o rei, reforçada pela indigência da vontade do monarca, nunca teria cedido. Já que não se podia evitar a convocação dos Estados Gerais, era preciso conquistá-los por meio de concessões que, feitas a tempo, teriam permitido ao rei continuar senhor da situação. Mas tudo o que fizeram foi humilhar a Assembléia, ameaçar sua existência, deixando-lhe apenas a esperança de ser socorrida por Paris: a insurreição a salvou. Isso aconteceu graças ao rebaixamento do rei e a algumas façanhas. E foi, principalmente, um lastimável precedente, repetido em outubro, que devia arrastar a Revolução a uma dialética mortal que seus primeiros autores não tinham previsto nem desejado.

A Revolução de 14 de julho foi prudente ao menos em um ponto: reparou os danos que a astúcia de um punhado de hipócritas egoístas tinham acumulado contra o bom senso e a eqüidade. Mas a economia das revoluções é frágil porque estas escapam raramente ao entusiasmo que, pelo encadeamento surpreendente dos efeitos e das causas, liga seu destino primeiro à violência, e depois, ao sabor das reincidências, à fatalidade do terror. Admitida como *terminus ad quem,* a Queda da Bastilha abria seguramente uma era fecunda de humanismo generoso, de liberdade racional e de eqüidade. Tornando-se o *terminus a quo* de uma revolução que logo se transformou em palco de paixões sanguinárias de ideólogos cortadores de cabeças, só dificilmente poderia abstrair-se das conseqüências indesejáveis que a prolongaram. A evolução do 14 de julho ao Terror obedece a uma economia rigorosa; e todos os esforços tentados para romper seu mecanismo a tornaram mais obscura e não menos operatória. Mas a história cumpriu sua obra: só guardou do 14 de julho os valores que a data encerra, e que a historiografia das comemorações revelou progressivamente. E estes foram, no balanço, o saldo positivo.

# A festa da liberdade

É possível hoje festejar, simultânea ou sucessivamente, o milenário dos Capetos e o bicentenário de 1789. A França reconhece no primeiro o nascimento do Estado, no segundo o desabrochar de uma nação livre e democrática. Um mesmo cidadão pode participar de uma e outra comemorações sem crise de consciência, e pode se reconhecer, sem ter que fazer escolha, como legatário das duas heranças. Apenas os extremistas sectários, para quem o passado é só um instrumento de polêmica, trabalham para extirpar da história da França a seqüência que não serve à sua facção; querem selecionar nossas lembranças e amputar a França de uma parte de sua consciência. A monarquia e a Revolução de 1789 fizeram ambas fermentar a massa de que nasceu a identidade francesa, e o fanatismo que abole uma em nome do progresso, ou que rejeita a outra a pretexto de abuso ou por motivo de rancor, alimenta uma querela cujo passado foi nocivo e que não se justifica mais, no momento em que um consenso quase geral foi obtido no que se refere aos grandes valores que a monarquia e depois a Revolução de 1789 veicularam: um Estado de direito, quanto à primeira, um regime democrático e cioso dos direitos humanos, quanto à segunda. É porque a monarquia dera um passo para a liberdade e a justiça, que a França pôde protestar contra seus abusos e injustiças. Se o Antigo Regime tivesse sido a tirania opressora e cruel que a mitologia revolucionária inventou, a Bastilha não teria caído: as ditaduras desconhecem as insurreições vitoriosas.

Mas os regimes são sempre vítimas de seus aproveitadores porque estes lhes inoculam, para imobilizá-los, o vírus da paralisia: são os seus coveiros. A monarquia faltou assim ao seu encontro com a história e o 14 de julho se tornou inevitável e necessário. Que esse dia tenha provocado divisões e semeado germes de violência que brotaram mais tarde em horríveis máscaras sangrentas, dificilmente pode-se duvidar. Mas, se é lícito julgar um acontecimento pelas suas conseqüências imediatas, deve-se também julgá-lo pela intenção de seus atores e pelas circunstâncias que o provocaram. Além disso, um acontecimento como o 14 de julho, cuja força simbólica sobreviveu a todas as tentativas de recalque, não pode ser reduzido a um simples momento na narração de nossa história, porque nunca cessou, não apenas de alimentar nosso imaginário, mas também de servir de referência e inspirar os princípios das nações que se querem livres e democráticas. Exaltada à altura do mito, a Queda da Bastilha, segundo a necessidade e a urgência do tempo, nutriu a vocação da França de realizar sua unidade moral, preservar a integridade de seu território, fundar regimes de liberdade, justificar sua disposição de figurar na vanguarda da defesa dos direitos humanos. Do mesmo modo que deve à monarquia ter aparecido aos olhos do mundo como um país prestigioso e altamente civilizado, a França extrai do 14 de julho uma irradiação que a torna, em todos os lugares onde povos vivem sob tacões autoritários, o farol onde brilha a centelha da liberdade.

Na França, votado ao esquecimento dos Impérios e Restaurações, celebrado clandestina e piedosamente pelos que reivindicaram a herança da Revolução, o 14 de julho teve que esperar o ano de 1880, isto é, que a república estivesse verdadeiramente nas mãos dos republicanos, para ser declarado, apesar da oposição monarquista e da hesitação da França rural, festa nacional. Sem dúvida, a escolha dessa data era um meio-termo que não satisfazia nem os que, à extrema direita, queriam apagar qualquer lembrança revolucionária, nem os que, à extrema esquerda, reivindicavam a herança de 1792 e 1793. Mas a própria moderação dessa escolha contribuiu para seu sucesso e, apesar de resistências tenazes (como se viu sob o governo de Vichy, que transformou a alegre festa da liberdade em dia de luto nacional), permitiu à França realizar a unanimidade de seus cidadãos em grandes momentos de sua história. Se a festa esmaeceu muitas vezes no frio ritual das comemorações oficiais, retomou todo o seu vigor popular no dia seguinte à vitória de 1919, quando foram associados as *liberdades conquistadas por nossos ancestrais e o triunfo definitivo do direito assegurado por nossos soldados,* e na Libertação, quando o 14 de julho foi celebrado, no júbilo geral, como o triunfo da soberania nacional obtida em 1789, a vitória sobre o inimigo e o restabelecimento de um governo livre.

Hoje a comemoração do bicentenário de 1789 deve permitir a reunião de todos os franceses em uma data doravante associada à independência nacional, à liberdade e à democracia.

# A obra dos sete dias

*O texto publicado aqui não é uma narração da Queda da Bastilha. Quando do acontecimento, seu autor, Jean Dusaulx, não estava ao pé da fortaleza mas na Prefeitura, onde trabalhava no escritório do comitê permanente formado em 13 de julho pelos eleitores de Paris. Esse antigo fiscal militar de impostos, que deveria mais tarde ser eleito deputado à Legislativa e depois à Convenção, adquirira uma certa reputação por suas* Cartas e reflexões sobre o furor do jogo *e deveria tornar-se membro do Instituto.* A Obra dos Sete Dias, *escrita e publicada no ano que se seguiu à Queda da Bastilha, foi concebida por ocasião da apresentação dos "vencedores" à Assembléia Nacional, da qual Dusaulx fora encarregado pela Comuna de Paris (6 de fevereiro de 1790). O caráter bíblico do título indica bem a intenção do autor. A meio caminho entre o testemunho direto e a reflexão histórica, parece interessante oferecer ao leitor um texto que se pode considerar, de certa forma, como a versão oficial da Comuna de Paris sobre os acontecimentos de julho.*

Antes de passar aos grandes dias de nossa insurreição, convém lançarmos um breve olhar sobre os momentos que os prepararam.

Os eleitores da cidade de Paris, reunidos no arcebispado desde 26 de abril de 1789, tiveram a prudência, a 10 de maio do mesmo ano, de decidir, antes de se separarem, que suas sessões continuariam durante a reunião do que se chamava então *Estados Gerais* e que se chama agora *Assembléia Nacional.* É a essa decisão que a França inteira deve talvez sua salvação.

Não perdemos de vista os deputados que acabáramos de nomear: estes, de sua parte, nos informaram sobre os diversos conflitos das três ordens discordantes e sobre as vicissitudes dessa Assembléia, que se aperfeiçoava simplificando-se e insensivelmente tornava-se nacional.

Depois de um mês de discussões, pretensões e oposições, tanto da parte do clero e da nobreza, que faziam causa comum, quanto da parte do ministério, que só procurava aproveitar-se das discussões, soubemos do que se passara em Versalhes, de 17 a 23 de junho. A pretexto de uma sessão real, a sala dos Estados Gerais, ocupada por homens armados, fora escandalosamente fechada aos representantes da nação: os deputados, procurando asilo, só o acharam num jogo de péla. Enfim, soubemos que o poder arbitrário estava prestes a dissolver essa augusta Assembléia. Sentimos então que tudo estava perdido, se não tivéssemos a coragem de nos devotar e voar ao socorro da coisa pública.

Disseram que nossos poderes estavam findos: nisso não acreditamos, e agimos em conformidade com nosso pensamento, persuadidos de que verdadeiros cidadãos têm sempre o direito de salvar a pátria. Mas onde nos reunirmos?, porque, após a partida de nossos deputados, as salas do arcebispado e as da Prefeitura nos estavam igualmente interditadas.

Temendo perder o fruto de nossos primeiros trabalhos, ousamos a 25 de junho desse mesmo ano, sob os olhos vigilantes dos asseclas do despotismo, mais inquietos que de costume, ousamos pois, em número de dois ou três centos, reunir-nos em pleno dia na sala do museu da rua Dauphine, espécie de casa de pasto,[1] que, como o jogo de péla de Versalhes, serviu de berço à nossa nascente liberdade.

Um eleitor, o Sr. Thuriot de La Rosière, provou que tínhamos o direito de fazer abrirem-se imediatamente para nós as portas da Prefeitura e de lá realizar nossas sessões: "Levantai-vos", disse ele, "marchai e segui-me".

Iam segui-lo quando um outro eleitor exclamou: "Cidadãos! Para onde correis? O povo, que vos ama e respeita, o povo, que espera com impaciência em torno desta sala o resultado de vossas deliberações, vos precederá. Indignados com a recusa feita a seus representantes, quarenta mil homens arrombarão as portas de vosso antigo asilo e destruirão talvez o palácio da comuna. Aliás, não vedes que a menor violência, em semelhante conjuntura, exporia a cidade, comprometeria a Assembléia Nacional? A noite se aproxima", acrescentou, "ficai pois; ficai aqui para amadurecer vossos generosos projetos e respondo-vos, por minha vida, que aquilo que vos recusavam ontem, obtê-lo-eis amanhã."

Essa opinião prevaleceu e desde então tudo nos foi propício ainda que tenhamos tido muitos obstáculos a ultrapassar. A partir desse momento, nossa correspondência foi estabelecida sem interrupção com a augusta Assembléia, aos decretos da qual apressamo-nos a aderir, principalmente à famosa deliberação de 17 de junho.

O resto da sessão foi empregado em premunirmo-nos contra as manobras dos inimigos do bem público. Um rapaz, o Sr. de Bonneville, que a esse respeito expressara-se com

---

1 Essa sala, que anteriormente servira a homens de letras para lá realizarem suas sessões, estava então alugada a um dono de casa de pasto. Nós a encontramos ocupada por um banquete de núpcias de oitenta convivas. Logo que souberam o que nos trazia ali, homens, mulheres e até crianças partiram imediatamente depois de ter-nos beijado e felicitado.

muita sabedoria e maturidade, inflamando-se subitamente e prevendo o que logo deveria acontecer-nos, exclamou: "Às armas! Às armas!" Alguns estremeceram de horror, outros sorriram e um de nós lhe respondeu: "Rapaz, ainda não é tempo, adiemos essa moção para a próxima quinzena."

Foi a partir desse dia que começamos a nos conhecer e a distinguir aqueles a quem podíamos confiar com segurança a honra de governar nosso barco na tormenta: os de La Vigne, os Moureau de Saint-Méry, Blondel, Oudart, Bertholio, Pitra; e cinqüenta outros da mesma têmpera, que falavam todos a língua da liberdade.

Uma vez instalados na Prefeitura, onde estivemos bastante tranqüilos durante cerca de quinze dias, tivemos íntimas relações com todos os nossos concidadãos, com todas as províncias do reino; e já se formava essa coalizão em presença da qual as tropas ministeriais e aqueles que as moviam, como que petrificados pela cabeça de Medusa, deixaram cair a Bastilha, e com ela todos os poderes tirânicos.

Entretanto, alguns dos nossos pressentiram a tempestade próxima. O ativo e vigilante De Leutres tinha-nos, no sábado 11 de julho, advertido para estarmos em guarda. "A segunda-feira", dizia-nos ele, "poderá trazer-nos ainda maior infelicidade do que aquela do desatroso dia 13 de julho do ano passado", dia fatal, como se sabe, em que uma parte da França foi devastada pelo granizo.

*Domingo, 12 de julho de 1789*

De manhã, encontra-se nas esquinas um cartaz: *Por ordem do rei, etc.* Queriam iludir-nos com esse cartaz insidioso e persuadir-nos, como a bons gauleses, que a concentração das tropas nas vizinhanças de Paris e de Versalhes era apenas uma simples precaução contra os malfeitores. Malfeitores, conhecíamos muitos, e muito temíveis, mas não era destes que se tratava: assim ninguém se enganou com essa precaução.

Ao meio-dia, corre o rumor de que o Sr. Necker foi dispensado, que partiu.[2] A consternação foi geral e fecharam-se os espetáculos. Os primeiros que trouxeram a notícia de sua partida foram maltratados como mentirosos e mal-intencionados.

O Palais-Royal se encheu de gente entre quatro e cinco horas da tarde; acorriam de todas as partes. Dois bustos de cera, que acabavam de ser trazidos do museu de Curtius,[3] foram ali exibidos, e o povo, à vista dessas espécies de fantasmas, abandonava-se a conjeturas extravagantes.

Um rapaz, subindo em uma mesa, gritou: "Às armas!", puxou da espada, mostrou uma pistola e um distintivo verde. A multidão, que o escutava, olhava-o e, a seu exemplo, passou de um silêncio profundo a terríveis clamores. O povo se anima e se excita; e as folhas das árvores, arrancadas em um instante, serviram de distintivo a vários milhares de homens; e foi uma verdadeira explosão, cujo barulho durou três dias. Esses sinais de guerra civil, que faziam empalidecer os cidadãos pacíficos, logo foram repetidos em todos os bairros da cidade; e marchou-se para a praça Luís XV que, apesar do cartaz da manhã, se enchia de tropas ameaçadoras.

Depois da irrupção feita nas Tuileries pelo príncipe de Lambesc, coronel do regimento real-alemão de Cavalaria, um grande número de cidadãos se dirigiu à Prefeitura onde havia apenas quinze ou dezesseis de nossos membros no escritório.

Soubemos que, nessa conjuntura, um soldado da guarda francesa fora morto com um tiro de pistola por um dragão; que um certo Chauvet, de sessenta e quatro anos, fora ferido pelo príncipe, e que depois todas as lojas dos armeiros

---

2 Pode-se-lhe aplicar o que Tácito disse de Burro, depois da morte desse ilustre romano: *Civitati grande desiderium ejus mansit* (A cidade sentiu muito a sua falta).

3 Escultor que mostra ao público diversas efígies, principalmente de nossos contemporâneos ilustres ou famosos.

foram pilhadas. Não se roubou nem ouro nem prata; só se queria o ferro. Decidimos unanimemente que os distritos seriam convocados e armados: e foi então que nos lembramos da moção feita no Museu pelo jovem De Bonneville.[4]

Não se podia mais recuar depois desse ato vigoroso; nós todos o sabíamos e nos resignáramos.

Como as coisas e os homens mudaram subitamente de aspecto! Como cidadãos pacíficos, sem ambição, sem intrigas, submetidos ao antigo jugo, foram levados, sem o saberem, no turbilhão das discórdias civis!

Temia-se a noite, mas ela foi bastante calma.

*Segunda-feira, 13*

O Sr. de la Vigne, um de nossos presidentes que, com o Sr Agier, eleitor, fora à Assembléia Nacional para prestar contas da situação de Paris, e receber, a esse respeito, ordens relativas à conduta que devíamos seguir, tendo recebido de um membro dessa augusta assembléia a nota seguinte, dela nos deu conhecimento quando voltou. Transcrevo-a aqui, para honrar o patriotismo atento e fiel do ilustre deputado acima mencionado:

"O Sr. Dupont, conselheiro de Estado, cavaleiro da ordem de Vasa, e seu filho, de dezoito anos, residentes à rua do Petit-Musc, nº 17, pedem para ser incluídos na milícia burguesa, caso esta se estabeleça." A esse exemplo não faltaram imitadores, mesmo entre a nobreza, da qual vários membros tanto nos auxiliaram.

O povo afirmava que a Cidade tinha um arsenal secreto; essa suposição quase foi nossa perda, e comprometeu-nos

---

4 O Sr. Carra, não menos decidido que esse rapaz, tinha–nos, já em maio de 1789, comunicado a mesma opinião no arcebispado: e pode–se afirmar que ninguém melhor que ele pressentiu, desde a origem, as conseqüências dessa revolução, da qual ele pode dizer: *Et quorum pars magna fui* (E na qual tomei grande parte).

várias vezes. Perguntavam-nos o que fora feito de antigos canhões e outras armas; era inútil respondermos que provavelmente uns tinham sido fundidos, outros reformados, o povo não se contentava com conjeturas. Às nove horas da manhã, a multidão que se exaltava cada vez mais, apoderou-se do depósito de armas dos guardas da Cidade, e distribuiu entre si trezentos e sessenta fuzis. Em seguida, toma a bandeira da Cidade, apesar da negativa do Sr. Le Grand de Saint-René, que se encarregava do escritório. Esse intrépido eleitor, ainda que enfermo, perseguiu sozinho a bandeira até o meio da praça e tão bem se houve que os gatunos a trouxeram de volta, voluntariamente, para o lugar de onde a tiraram.

Às dez horas, tocaram-se os sinos a rebate, tanto na Prefeitura quanto em todas as igrejas. Tambores, nos vários bairros, chamavam os cidadãos. Estes se reúnem nas praças, nos jardins; formam-se tropas que logo adotam nomes: umas foram chamadas voluntários do Palais-Royal, outras voluntários das Tuileries, da Toga, do Arcabuz, etc.

A presença do primeiro magistrado era-nos necessária: foi-se pois buscar o Sr. de Flesselles. Este chega e é aplaudido por uma multidão imensa: "Meus amigos", diz-lhes ele, "sou vosso pai, e sereis satisfeitos." Mas ele nunca pôde satisfazê-los.

Não podendo bastar em nossa sala a todos os pedidos, a todas as queixas, o Sr. Ethis de Corny, procurador do rei junto à Cidade, propõe que seja formado um comitê permanente, isto é, um comitê que, dia e noite, reunido na Prefeitura, trabalhe, e logo, para restabelecer a tranqüilidade pública. Nomearam-se primeiramente apenas quatorze membros, número que naquela mesma noite foi aumentado.

O número de cidadãos, nessa assembléia, era muito mais elevado que o de eleitores; e é por isso que alguém, que não era dos nossos, queixava-se de que só se nomeavam os últimos. "Quem quereis que se nomeie?", disse-lhe o Sr. De Leutres — "A mim!", respondeu o bravo Grêlé; e foi nomeado por aclamação.

Quando o comitê se formou: "A quem prestar juramento?", perguntou o Sr. de Flesselles. — "À assembléia dos cidadãos", respondeu o Sr. De Leutres, "porque hoje trabalhamos todos igualmente para nossa comum salvação."

Soou de novo o rebate.[5] A bandeira é furtada e devolvida pela segunda vez.

Enquanto isso, soubemos que várias barreiras foram queimadas na véspera e neste próprio dia, que os prepostos à percepção dos direitos de entrada foram dispersados, a casa de Saint-Lazare devastada, mas soubemos também que esse mesmo povo que a atacara, salvou em grande parte sua provisão de grãos, e, mesmo que o próprio povo dela necessitasse, levou-a para o Mercado. Rogamos aos detratores da Revolução que julguem os seus mais insignificantes agentes e digam-nos francamente o que deles pensam. Um pobre cidadão trouxera do Guarda-Móveis, que também fora arrombado, uma das espadas de Henrique IV. Alguém ofereceu-lhe em troca um luís de ouro e outra espada: "Esta é mais rica", respondeu ele, "mas não a quero; não é a de nosso bom Henrique."

Traziam-se de todos os lados à Prefeitura um número infinito de viaturas, carroças, carretas, detidas às portas da cidade e carregadas de toda a espécie de provisões, vasilhame, móveis, mantimentos, etc.; de modo que a praça da Grève foi, durante vários dias, um dos mais ricos entrepostos da Europa, mas também o mais turbulento e o menos acessível.

O povo, que suspirava por armas e munições, porque eram essas, há dois dias, suas primeiras ou antes suas únicas

---

5 Para fazer-nos esquecer esse terrível rebate, alguém propôs, posteriormente, que todos os carrilhões de Paris, no próximo 14 de julho, soassem de hora em hora.

necessidades, o povo nos chegava às multidões, e tornava-se mais insistente a cada minuto; suas instâncias e ameaças redobraram por volta do meio-dia.

À uma hora e meia, aproximadamente, o primeiro magistrado anuncia que o Sr. (de) Pressoles, diretor de armas da manufatura de Charleville, prometeu-lhe doze mil fuzis, que logo serão seguidos de trinta mil outros. Acredita-se em suas palavras. O comitê se tranqüiliza e decide que o efetivo da milícia parisiense será, até nova ordem, de quarenta e oito mil cidadãos.

Querendo ter tropas, precisávamos de chefes. Oferecemos o comando geral ao duque d'Aumont; este pediu vinte e quatro horas para pensar. O marquês de La Salle foi nomeado subcomandante e jurou-nos sem hesitar que sua fortuna e sua vida estariam sempre a serviço da Comuna. Ele já perdeu uma, e cem vezes arriscou a outra. Em seguida, substituíram-se os distintivos verdes pelos vermelhos e azuis, e explicou-se essa mudança.

À noite, tudo estava na maior fermentação; só se falava de tropas que deveriam atacar-nos de diferentes lados. Já recebêramos os sessenta distritos, já os ouvíramos. Sua linguagem não cedia em energia nem aos gregos nem aos romanos dos mais belos séculos. Em geral, estando os homens nas mesmas circunstâncias, principalmente quando se trata da liberdade, cuja falta e cujo sentimento movem até os escravos, falarão e agirão da mesma forma.

Ainda que os distritos tivessem tomado por iniciativa própria as mais sábias medidas para impedir o inimigo de aproximar-se, olhavam-nos como seus pais e salvadores: Grande exemplo para as seções futuras! Procurávamos pólvora, e a pedíamos a todos, enquanto secretamente saíam cinco mil libras de Paris. Essa carga foi detida e apreendida, porque o povo era rigoroso quanto a essa questão; e foi a essa vigilância que devemos nosso sucesso.

Depositamo-la, essa pólvora, que devia enfim servir aos oprimidos para libertar-se dos opressores, depositamo-la em uma sala da Prefeitura e um padre, nosso colega, foi encarregado de distribuí-la.

Encargo perigoso e que várias vezes levou esse bravo e respeitável padre Le Fèvre a dois dedos da morte! Primeiramente, e foi nesse mesmo dia, quando se deu um tiro de fuzil nos tonéis que ele guardava, e um tiro de pistola sobre sua própria pessoa; quando, na noite seguinte, a porta do armazém, onde ele estava com a pólvora, foi quebrada a golpes de machados, que faziam fogo nos pregos de que a porta era guarnecida; enfim quando um homem bêbado entrou pouco tempo depois nesse armazém, ou antes, nessa mina situada sob nossa sala, sempre cheia de cidadãos; entrou ele ali, com o cachimbo na boca, fumando perto dos barris abertos: o padre só pôde convencê-lo comprando o cachimbo aceso, que lançou no pátio.[6]

Entrei nesses detalhes para apresentar, de passagem, a meus concidadãos, uma pessoa digna de toda a gratidão. Mas acabemos a narração da segunda-feira.

Os acontecimentos se sucediam com tal rapidez que se confundiam, e tenho dificuldade em ordená-los. As horas me escapam. A viatura do príncipe de Lambesc, levada à praça, é queimada: salvam sua mala, cujo conteúdo foi trazido ao escritório da assembléia.

Um povo numeroso e as patrulhas que começavam a se formar continuavam a pedir-nos armas; todos esperavam com

---

6 Acrescente-se que, no terrível dia 5 de outubro de 1789, o Sr. padre foi, às onze horas da manhã, arrastado, com a corda no pescoço, por bacantes, ou antes, fúrias, até o campanário da Prefeitura; e que, sem a ajuda de mulheres corajosas, teria perdido a vida. Por último, na terça-feira, 5 de abril de 1790, dia dos mais críticos, escoltando, na rua Saint-Honoré, carretas cheias de fuzis, foi tomado por outra pessoa e teria sido morto sem o socorro da guarda nacional, que acabava de arrancar das mãos do povo o Sr. padre Maury e o visconde de Mirabeau.

impaciência o efeito das promessas, por demais positivas, do primeiro magistrado. Sabe-se que caixas acabam de chegar, pela etiqueta *Artilharia,* acredita-se que estão cheias de fuzis: só continham roupas velhas, pedaços de velas e de madeira. Como chegaram e quem mandou essas caixas à Prefeitura? Ainda o ignoramos.

Um grito geral se eleva contra nós e contra o primeiro magistrado. "O comitê", diziam, "cúmplice da administração da cidade, trai a causa comum; e se nós o permitirmos, logo seremos tratados como conjurados." Essas suspeitas foram tais que perduravam até mesmo depois da queda da Bastilha, e vários dos vencedores dessa fortaleza recusaram-se a trazer-nos as munições que lá haviam apreendido.

Algum tempo depois,[7] essas mesmas suspeitas foram a causa de um engano que fez com que oitenta mil homens pedissem a cabeça de nosso comandante, esse generoso marquês de La Salle que agora nos serve na qualidade de soldado.

Não negligenciamos nada que pudesse apaziguar nossos concidadãos, cujo ardor patriótico admiramos, apesar de suas prevenções e arrebatamentos. Mas o primeiro magistrado estragou tudo, dando, sem que o soubéssemos, ordens que só serviram para irritá-los ainda mais. Ele os mandou procurar armas nos Chartreux e em outras casas, onde não as havia. O imprudente não pensou que eles voltariam mais furiosos e teriam o direito de lhe pedir contas de tal procedimento.

Imagine-se a nossa situação: tudo era imprevisto e era preciso, a cada momento, atender a tudo.

O que fizemos de melhor e mais decisivo foi autorizar os distritos a mandarem fabricar, imediatamente, às custas da Cidade, lanças, alabardas e toda espécie de armas subalternas, mas que o valor e o desespero sabem utilizar nas grandes ocasiões. Cinqüenta mil lanças foram fabricadas em me-

---

7 A 6 de agosto de 1789.

nos de trinta e seis horas; e pode-se considerá-las como os principais instrumentos de nossa nascente liberdade. Proponho pois que essas lanças sejam depositadas em feixes no interior e à volta do Palácio Nacional, que deve-se elevar brevemente. Esses másculos e rústicos ornamentos ensinariam a nossos últimos descendentes que não se deve confiar nos bajuladores nem nas falsas riquezas de um luxo corruptor.

Agredeceram-nos pelas lanças, mas reprovaram fortemente o primeiro magistrado por ter, seja qual fosse o pretexto, enganado bravos homens, que não lho perdoaram.

De acordo com o novo regime que se estabelecia, era preciso admitir à nossa sala, era preciso ouvir a todos sem distinção. Anunciam-nos, e esse episódio descreve às mil maravilhas o espírito do povo que, naquela situação confusa, não tinha perdido o senso da justiça; ou melhor, reprimia então o que se permitia dois dias antes; anunciam-nos um mercador, vendendo distintivos e forçando os passantes a comprá-los, pagando por eles um escudo, enquanto, diziam-nos com um ar furioso, eles não valiam vinte e quatro *sous*. Os denunciantes do delinqüente exigem que este seja tratado como criminoso de *lesa-revolução*. Para satisfazê-los, prometemos puni-lo.

O episódio seguinte explicará o outro, porque os acontecimentos triviais nas grandes circunstâncias nem sempre são de desdenhar. Um de nós, atravessando a praça da Grève, ofereceu um escudo a um pobre cidadão mal armado que o defendera da multidão: "Que fazeis?", disse-lhe ele; "o dinheiro hoje não serve para nada, como vereis. Quem quer este escudo?", acrescentou, "é este senhor que o dá." — "Nada de dinheiro, nada de dinheiro!", gritaram seus camaradas.

O dia findava: temíamos as trevas da noite e por isso pedimos iluminação. Esses signos usuais da alegria pública, desnaturados pelo contraste do silêncio, do terror, essas luzes solitárias, pois os pelotões de homens armados, que se viam passar às vezes, pareciam fantasmas; essa morna claridade só dava, aos que entravam em Paris, idéias sombrias e fúnebres, e só lhes anunciava um luto universal.

Os limites desta cidade estavam tão bem guardados que não se podia entrar sem dizer o nome. Às dez horas da noite, os Srs. Bochart de Saron, primeiro presidente do Parlamento, e Le Fèvre d'Amécourt, conselheiro da grande câmara, foram-nos anunciados. Tudo o que dizia respeito ao governo, que a Assembléia nacional empreendera reformar, era suspeito aos olhos do povo.

Haviam detido esses dois magistrados na sua volta de Versalhes e disseram-nos que o Sr. d'Amécourt fora designado para o lugar do Sr. Necker, o que, nessa conjuntura, não era de modo algum uma boa recomendação. Fizemos-lhes ver que estariam mais seguros em qualquer outro lugar e que, na Prefeitura, só podíamos responder por nossa coragem e nosso patriotismo.

Vários dos nossos, ainda que tivessem suportado todo o peso desse dia laborioso, e o precedente, continuaram seu trabalho, porque a tal se decidiram e o zelo os sustentava. Mas o Sr. de Flesselles, ainda mais doente de espírito que de corpo, sucumbia a preocupações devoradoras, a cruéis incertezas. Vendo que tinha necessidade absoluta de repouso, instamos para que se retirasse. Por que não o fez, ou por que não se mostrou mais cidadão?[8] Mas não quis deixar a Prefeitura, onde dormiu. No dia seguinte, achamo-lo mais fatigado que na véspera.

Os Srs. Le Grand de Saint-René, Buffault, Vergne e Hion ficaram, todos quatro, na sala para trabalhar durante a noite. Faziam-se então no Palais-Royal violentas moções, tanto con-

---

8 Falo como se falava então, porque não tenho mais a simplicidade de crer que a maioria dos homens devotados ao Antigo Regime tenham sido ou possam tornar-se cidadãos.

tra nosso comitê quanto contra o primeiro magistrado, cuja perda se jurava; e essa espécie de conspiração, que logo iria estourar, era fomentada em vários outros lugares.

Às duas horas da manhã, [9] vieram alertar nossos quatro colegas: "Quinze mil homens", disseram-lhes, "descem da rua Saint-Antoine em direção à praça da Grève, e a Prefeitura não escapará de ser forçada". — "Ela não o será", respondeu o Sr. Le Grand de Saint-René, "porque a farei ir pelos ares a tempo"; e ele era homem capaz disso. Imediatamente, ordenou aos guardas da Cidade que lhe trouxessem seis barris de pólvora e os depositassem no gabinete vizinho, chamado *pequena audiência*. Os mal-intencionados empalideceram e retiraram-se ao chegar o primeiro barril.

*Terça-feira, 14*

Os dois dias precedentes e este formaram um só pela contigüidade dos acontecimentos que se cruzavam, se confundiam e nasciam um do outro; é o que algumas vezes nos impediu de registrar as horas com precisão. Aliás, rogo observar que, na agitação em que estávamos, não nos foi possível tomar notas, e que se um de nós, no fim desse dia, não se lembrasse das principais circunstâncias e não as escrevesse imediatamente, uma parte do que publico hoje não teria sido conhecida. Os Srs. Moreau de Saint-Méry, o marquês de La Salle, Hulin, Elie e tantos outros não teriam sido celebrados na Assembléia Nacional.[10]

Durante a noite de 13 de julho, e foi quase o único incidente, as instalações da polícia foram forçadas por uma tropa de cidadãos armados e munidos de tochas, o que alarmou todos os lugares por onde passavam. Todos, trancando suas portas, os olhavam pelas janelas e ninguém ousava sair. Esses

---

9 Da terça-feira, 14.

10 Em 6 de fevereiro de 1790, na sessão da noite.

homens, inquietos e descontentes, julgavam o Sr. de Crosne como se julgavam então a maioria de seus predecessores e dos outros ministros do poder arbitrário que chegava ao fim. Mas a Comuna de Paris logo ofereceu sua proteção especial a esse honesto e digno magistrado e continuou a associá-lo a seu trabalho.[11]

Desde a madrugada, a praça da Grève, que se tornara depósito geral de toda sorte de artigos, até de rebanhos, encheu-se cada vez mais; mas o povo e os canhões que chegaram durante o dia fizeram desfilar o maior número de viaturas.

Ainda uma vez, vieram muito cedo pedir-nos armas e cartuchos, reprovando-nos as recusas involuntárias e os fracassos da véspera. Procuramos armas, mas não as encontramos, nem cartuchos, nem mesmo no Arsenal. Mais ardente do que nunca, esse povo impaciente, que ainda não sabia tudo o que iria realizar,[12] tomou a decisão de marchar para o Hôtel des Invalides, sem dar importância às tropas que se encontravam no Campo de Marte.

A altiva atitude dos parisienses, sua inteligência e sua atividade, produziram prontos efeitos. Entre todos esses inimigos que nos cercavam, nos ameaçavam, vários, e seu exemplo foi logo imitado, tornando-se cidadãos e abandonando suas bandeiras, vieram nos oferecer seus serviços: é o que chamavam deserção, e nós, patriotismo.[13]

---

[11] A resolução, que foi tomada unanimemente, data de 15 de julho de 1789.

[12] A maior parte do povo não sabia; mas é certo que a tomada da Bastilha fora planejada. O Sr. marquês de La Salle certificou-me de que na véspera recebera um plano de ataque.

[13] Lamentarei sempre que o Sr. de Vauvilliers me tenha retido no dia seguinte, 15 de julho, quando após pedir a palavra, eu ia responder a um membro da Assembléia que propunha, nessa famosa sessão, um pedido de clemência para os guardas franceses, etc.

Hussardos, disseram-nos, foram vistos no subúrbio Saint-Antoine; carregaram-se e apontaram-se os canhões da Bastilha: vai correr sangue. Um oficial veterano veio nos declarar, da parte do administrador dessa fortaleza, que este promete não atirar, permanecer neutro, desde que não ataquemos: não era esse o nosso papel, nem dos verdadeiros cidadãos.

Informações e reforços nos chegam de todas as partes; a fermentação aumentava; mas esperávamos com impaciência a resposta do duque d'Aumont, que pedira vinte e quatro horas para refletir sobre sua nomeação. Recusou e agradeceu.

O marquês de La Salle, nomeado comandante-geral em seu lugar, aceita com entusiasmo. Seu devotamento o enaltece ainda mais porque, na hora em que aceitou o posto eminente que tão bem ocupou, poucos teriam sido tentados a disputar essa perigosa honra. O nome do marquês de La Salle, necessariamente ligado a esta grande época, não morrerá nunca.

Ainda que ocupados por tantos cuidados, estávamos preocupados com o resultado da expedição aos Invalides, quando o Sr. Ethis de Corny informou-nos que, sem querer esperar a volta de um mensageiro enviado pelo administrador a Versalhes, os cidadãos se apoderaram desse vasto local, forçando-o sem efusão de sangue, apreenderam vinte e oito mil fuzis, escondidos em porões situados sob a cúpula e depositados sobre leitos de palha: o que fazia crer, porque se desconfiava de tudo, que essas precauções só haviam sido tomadas para poder incendiar os fuzis, quando se quisesse. O Sr. de Corny acrescentou que a execução dessa empresa, feita sob as vistas de uma tropa, fora tão pronta quanto seu projeto; e assim aconteceu com todas as empresas desta feliz jornada.

Os cidadãos foram à Bastilha, mas somente para obter armas e munições. Insensivelmente, ousaram mais. O povo, cuja audácia crescia, logo veio pedir-nos a tomada dessa fortaleza, como se isso, como disse o Sr. du Veyrier, só dependesse de uma decisão do comitê.

O Sr. Thuriot de La Rosière, eleitor, para lá já fora enviado por seu distrito, para intimar o administrador a render-se. Veio em seguida fazer-nos o relatório dessa medida inaudita, de que falaremos em outro trecho.

Pouco tempo depois, tendo-se travado a ação na primeira ponte, trouxeram-nos um soldado da guarda francesa ferido e moribundo; vinte outros, muito maltratados, tanto soldados quanto cidadãos, foram recebidos nas casas da rua de la Cerisaie; e desde então, ainda que se tenha acusado os vencedores da Bastilha de ter *arrombado uma porta aberta,* desde então o sangue não cessou de correr durante mais de quatro horas. Enquanto uma parte combatia, outra ia buscar reforços e canhões; de modo que a cada momento éramos informados dos progressos do ataque. A ação ficou indefinida até o fim. Felizmente não tivemos tempo de refletir nem de ter medo: se o medo nos dominasse, o que seria de Paris?

Alguns começavam a dizer, no nosso comitê, que a situação era mais séria do que se pensava, mas não era mais hora de voltar atrás.

Para poupar vidas, resolveu-se enviar ao administrador uma delegação solene. O Sr. Bellon e alguns outros eleitores foram encarregados da primeira, que não teve nenhum sucesso.

A segunda teve a mesma sorte; era composta do Sr. de La Vigne, um de nossos presidentes, e de nossos colegas, os Srs. Chignard, o padre Fauchet, etc., aos quais se juntou, como voluntário, o Sr. de Botidoux, deputado suplente das comunas da Bretanha à Assembléia nacional.[14]

---

14 A resolução, cujo original está nas mãos do Sr. de La Vigne, é concebida nos seguintes termos: "O comitê (permanente) da milícia parisiense, considerando que não deve haver em Paris nenhuma força militar que não esteja sob as ordens da Cidade, encarrega os deputados que envia ao Sr.

Após muitos esforços para chegar ao pé da fortaleza e fazer-se ouvir, ou ao menos notar, após ter-se afastado e aproximado por três vezes, o Sr. de La Vigne, sempre acompanhado de seus colegas, fez a leitura da resolução; mas suas palavras foram abafadas pelo ruído da mosquetaria, e três cidadãos tombaram a seu lado. Durante o intervalo entre essa segunda delegação e a primeira, trouxeram à polícia três veteranos que se queriam enforcar imediatamente, como represália, porque foram vistos de armas na mão, perto da Bastilha, atirando sobre os cidadãos. O Sr. du Veyrier, fortemente ajudado pelo Sr. De Leutres, teve a felicidade de subtrair esses três homens ao furor do povo. "Pouparemos os prisioneiros", gritou esse povo generoso, "se o administrador entregar a Bastilha, ou se nós a tomarmos." Não eram assassinatos gratuitos que queriam, mas a tomada dessa praça, mas a abolição do despotismo. Boatos duvidosos, boatos contrários se espalham, e só se crê no que se quer. Anunciam-nos que o administrador da Bastilha foi preso, que no-lo trazem. Não era ele: era o Sr. Clouët, encarregado de pólvora e salitre, que incontestavelmente deve a vida ao bravo Cholat, que foi o primeiro a protegê-lo do furor do povo.[15]

Houve durante esse dia muitos outros enganos, dos quais vários foram sangrentos. Enquanto uns acreditam ter aprisionado o administrador, outros, num dos pátios da Bastilha, apoderam-se de uma jovem, interessante por sua graça e can-

---

marquês de Launay, comandante da Bastilha, de perguntar-lhe se está disposto a receber nessa praça de guerra, tropas da milícia parisiense, que a guarnecerão juntamente com as tropas que aí se encontram atualmente e que estarão sob as ordens da Cidade. — ass. De Flesselles, etc.

15 Apesar do que fez o Sr. Cholat, o Sr. Clouët teria sido morto, sem o socorro do Sr. cavaleiro de Saudray que, salvando-o, por sua vez, de um novo perigo, recebeu um golpe de sabre que lhe feriu gravemente a cabeça. A Comuna, satisfeita com os grandes serviços que lhe prestou o Sr. cavaleiro de Saudray durante a Revolução, entregou-lhe um certificado dos mais honrosos, certificado esse que foi publicado.

dura. Levando-a perto da primeira ponte, exclamaram: "É a filha de De Launay; que ele entregue a praça, senão que veja sua filha expirar nas chamas." E atearam fogo a um monte de palha, sobre o qual ela estava desmaiada. O pai de Mademoiselle de Monsigny, esse é o nome da jovem, via a filha do alto das torres, a ponto de ser queimada viva. Ele ia precipitar-se quando foi atingido e derrubado por dois tiros. O bravo e generoso Aubin Bonnemère, que já havia anteriormente salvo a filha desse oficial, afasta a multidão homicida, toma Mademoiselle de Monsigny, deixa-a em mãos seguras, e volta ao combate.

Um sabre lhe foi oferecido em nossa sala, a 3 de fevereiro de 1790, por aquela que salvara, e nós a isso acrescentamos a coroa cívica. E, assim, as atrocidades acabavam, na maioria das vezes, por atos de heroísmo.[16]

Tantas ameaças, tantas incertezas, e as infelicidades que temíamos, determinaram-nos a enviar uma terceira delegação, não menos importante que as outras. Essas delegações, pedidas pelo povo e sempre concedidas pelos eleitores, embaraçavam muito o primeiro magistrado, e este o disse de maneira um pouco dura ao Sr. Francotay, que lhe fez baixar os olhos; mas sua opinião, em nosso comitê, valia tanto quanto a de qualquer outro.

---

16 A entrega da coroa ao cidadão que salvara Mademoiselle de Monsigny só aconteceu a 5 de fevereiro, na sessão da noite. Foi, de parte a parte, o triunfo da gratidão e da modéstia. A coroa foi oferecida pelo Sr. prefeito a Mademoiselle de Monsigny para que esta lhe desse o prazer de coroar ela própria o seu libertador. "Quanto ao sabre", disse o Sr. Bailly ao Sr. Bonnemère, "acredito aumentar vosso triunfo pedindo ao Sr. comandante–geral que vo–lo entregue."

A cena ia acabar, quando um cidadão, o Sr. Binot, que bem merece ser mencionado aqui, que testemunhara a bravura e a humanidade do Sr. Bonnemère, veio pedir–nos a permissão para oferecer–lhe uma pequena renda vitalícia, reversível à sua esposa, etc. Até agora, contam–se menos violências durante a Revolução que episódios semelhantes a esse.

O Sr. Ethis de Corny, procurador do rei na Cidade, o Sr. Francotay, eleitor, são então nomeados e felicitam-se por essa preferência, a mais honrosa, dizem eles, que se possa desejar. Eles marcham precedidos da bandeira da Cidade e de um tambor. Vários cidadãos disputam a honra de acompanhá-los; e merecem ainda mais ser citados, porque, sob o fogo da praça forte, conduziram-se com bravura singular. Eis os nomes desses dignos voluntários: Srs. Poupart de Beaubourg, Piquod de Sainte-Honorine, Boucheron,[17] Constans e Joannon.

O leitor francês, antes da Revolução temia achar na história nomes demais; e tinha razão, pois, quase sempre, são nomes de escravos. Hoje, tudo mudou: mencionaremos doravante os bons cidadãos, a exemplo dos povos livres. Abri Homero e Heródoto, esses pais da poesia e da história; vereis que mencionavam por nome e sobrenome falanges inteiras. Quando voltaram, nossos deputados foram informados, e alguns destes fatos são contestados, de que o administrador atraíra os cidadãos ao primeiro pátio; que havia mandado atirar sobre eles; que a bandeira branca fora içada sobre as torres; que as coronhas dos fuzis foram postas para cima, e que, apesar desses sinais de paz, a delegação não deixara de estar exposta ao fogo daquela praça de guerra.

Para poder, a propósito de tudo isso, acusar o administrador e sua guarnição, seria preciso estar muito seguro de que os sitiados viram e reconheceram os sinais dos deputados; e, se efetivamente os viram, é preciso convir que eralhes impossível suspender a ação, já que eram acossados por todos os lados, o fogo dos sitiantes continuava, e atirava-se sobre éles, não só do pé da fortaleza, mas ainda do alto das casas vizinhas.

---

17 O Sr. Boucheron publicou uma relação muito curiosa do que se passou sob os seus olhos, a 14 de julho de 1789, às onze horas da manhã, durante essa delegação parlamentar.

Enquanto se atacava a Bastilha, o mais belo monumento da França corria o risco de ser destruído. Soubemos, entre duas e três horas da tarde, que uma nova torrente de cidadãos se dirigira aos Invalides, onde se acreditava que restavam ainda armas. Para lá enviamos o Sr. De Leutres, cujo sotaque provençal, aliado à sua jovialidade natural e à sua popularidade, acalmaram todos os espíritos.

De nossa parte, sofríamos também um cerco não menos perigoso que o da Bastilha, e a catástrofe não foi menos funesta.

O Sr. de Flesselles era acusado de manter ligações suspeitas; mas tendo declarado que nunca tivera com o príncipe em questão nenhuma relação particular, o acusador se convenceu e até o advertiu para que fizesse guardar imediatamente sua casa, porque iam pôr-lhe fogo.

Absorvidos por tantos cuidados, não sabendo ainda qual seria o resultado do cerco, quem acreditava que pensaríamos em mandar uma nova delegação à Assembléia nacional, mais bem informada que nós do que se tramava contra Paris? Os Srs. Bancal des Issards e Ganilh, eleitores, partem quase no mesmo momento em que acabávamos de saber o que mal acreditávamos: a queda da Bastilha.[18] Passando entre os canhões que ladeavam o Pont de Sèvres, e através das tropas que nos cercavam, levam essa grande notícia à Assembléia dos representantes da nação. Suprimo aqui vários fatos interessantes e outros tantos quadros que se narrarão no Discurso; quaisquer que sejam seus traços e cores, garanto ao menos que foram pintados fielmente.

Não esqueçamos de que vários mensageiros, transportando pacotes importantes, foram detidos durante esse dia, quando se pensava em defender o que decidíramos atacar e tomar. Havíamos combinado que as cartas contidas nesses

18 Receberam a notícia no Pont-Royal.

pacotes não seriam abertas, e que as enviaríamos à Assembléia nacional; mas fomos obrigados a satisfazer por várias vezes a curiosidade dos cidadãos.

Os vencedores da Bastilha, que nos traziam o administrador, não puderam protegê-lo do destino terrível que o aguardava. Sua má sorte o impediu de subir à Prefeitura, perto da qual foi massacrado, não longe dos degraus do peristilo. O padre Le Fèvre foi espectador involuntário de seus últimos momentos: "Eu o vi cair", disse-me ele, "sem poder socorrê-lo; defendia-se como um leão; e se apenas dez homens se tivessem portado igualmente na Bastilha, esta não teria caído".

Soubemos em seguida da morte do Sr. de Losme-Salbray, deplorada por todas as pessoas de bem. Era o major da fortaleza, e foi morto na praça da Grève, em frente à arcada de Saint-Jean. O marquês de Pelleport, que fora consolado por ele durante uma prisão de cinco anos, movido pela gratidão, jogou-se em seus braços e quis livrá-lo dos atacantes. "Rapaz", disse-lhe ele, "arriscai-vos a morrer e eu não me salvarei." Mas não foi ouvido. O marquês de Pelleport fez prodígios de força e coragem, bateu-se por seu benfeitor até que, esgotado de fadiga e sangue, foi por sua vez socorrido por alguns dos que seu exemplo havia inflamado.

Soubemos ainda da morte do Sr. de Miray, cirurgião-auxiliar, e da do Sr. Person, capitão da companhia dos veteranos; o primeiro, morto na rua de Tournelles; o segundo no porto do trigo. Vários outros sofreram o mesmo destino. Falarei em outro lugar do infortunado Bécard e seu devotamento.

Quanto ao primeiro magistrado, é certo que foi morto por um desconhecido, com um tiro de pistola, na esquina do cais Pelletier; mas pode-se estar certo de que, antes de imolá-lo, tenham-lhe mostrado uma carta de seu próprio punho que continha a prova evidente da mais negra perfídia? Disseram-nos, e o repetem ainda, o que não é prova suficiente. Duvidemos pois, duvidemos até que essa importante carta, que se procura inutilmente seis meses depois, nos seja apresentada.

Eu conhecia o Sr. de Launay; eu defendera o Sr. de Flesselles no comitê permanente. Quando a notícia de todas essas mortes violentas chegou aos nossos ouvidos, tremi, meus olhos se velaram, e por momentos meu rosto ficou lívido.

Não sei o que seria de mim sem o Sr. de Castillon; este digno eleitor me tirou da Prefeitura, onde, não tendo mais forças, arrisquei-me, no fim do dia, a ser esmagado pela multidão que continuava a acorrer.

Antes de sair, fiquei impressionado com a prodigiosa atividade do Sr. de Lapoize, nosso colega. Ainda que esse bravo e bom patriota tudo tenha feito para salvar os prisioneiros trazidos à nossa sala, dois artilheiros de lá foram arrancados e imediatamente enforcados nessa barra de ferro que suporta a luminária em frente à Prefeitura e que depois se chamou *o lampião,* onde carrascos, pagos por verdadeiros assassinos, praticaram várias atrocidades dignas de canibais.

Façamos um resumo da marcha desses três dias: domingo, insurreição; segunda-feira, milícia burguesa; terça-feira, queda da Bastilha; e este dia já entrou na história. "Ó séculos! Ó memórias!" [19]

Às nove horas da noite, um silêncio momentâneo sucede ao barulho em nossa sala quase deserta. Alguns vão a seus distritos, outros percorrem a cidade, desejosos de contar o que viram, o que fizeram, e de saber o que acontecera nos diferentes bairros, o que se esperava, o que se temia.

O marquês de La Salle, nosso comandante, subtraindo-se às baionetas apoiadas sobre seu peito, desceu ao escritório militar onde o esperava uma parte dos vencedores da Bastilha. Ele os beija, felicita-os, distribui-lhes provisoriamente

19 Na medalha desenhada pelos srs. eleitores, encontram-se essas palavras de Corneille.

alguns sinais de honra, dos quais eles se mostraram bem mais ávidos do que de recompensas pecuniárias, e pergunta-lhes seus nomes. Alguns, que de início tiveram mais bravura que caráter, por causa de sua preocupação com o antigo despotismo, e temendo as conseqüências de sua conquista, não ousam nomear-se; atemorizados com seus próprios feitos, calam-se e partem como se tivessem cometido um ato condenável.[20]

Quanto ao Sr. Moreau de Saint-Méry, um de nossos presidentes, cuja prudência e sangue-frio redobravam nos alarmes, e que era por assim dizer o árbitro de nossos destinos. imóvel como um rochedo batido pela tempestade, viu partirem todos sem sair de sua poltrona.

Esse francês americano, de algum modo estranho à França, tornou-se célebre em poucos dias e declarou depois ao Sr. du Veyrier, que registrou suas palavras em nossas atas, tanto tempo esperadas e que vão enfim ser publicadas:

"Que não lhe seria possível lembrar-se com detalhes de todos os acontecimentos da noite memorável que se seguiu à queda da Bastilha, de todas as ordens que deu nesse curto intervalo, no qual as várias atribuições escaparam a todas as mãos para reunir-se na sua, quando, sozinho no meio de Paris, tinha fortuitamente o direito de comandar e fazer-se obedecer.

"Que deu talvez três mil ordens sem deixar o seu assento, seja para a apreensão dos canhões e demais armas que lhe anunciavam, seja enfim para autorizar precauções de defesa por toda parte onde a necessidade as exigia.

"Que os alarmes se sucediam sem interrupção; que se anunciavam a cada instante as tropas do rei, ora na direção

[20] Seus camaradas, que os amavam e lastimavam, trouxeram depois vários deles ao nosso comitê, rogando-nos inscrevê-los na lista dos vencedores.

do subúrbio Saint-Denis, ora no de Saint-Marceau, ora no de Saint-Martin.

"Enfim que, por requisição do povo, sempre autorizou os meios de impedir a passagem das tropas."

Essa declaração, fiel em todos os pontos, descreve suficientemente a agitação da noite do dia 14; e não creio que se deva acrescentar nada.

Observarei, entretanto, que o Sr. Moreau de Saint-Méry mostrou nessa circunstância, e em muitas outras, uma notável presença de espírito. Trazem-lhe um personagem distinto que acaba de ser preso: era, dizia-se um *aristocrata,* grito de guerra, palavra de que poucas pessoas entre o povo conheciam então o valor, e por isso tanto mais perigosa. Estudando-o com os olhos, finge partilhar a animosidade dos acusadores; mas age de maneira a enviar, sob boa guarda, o *aristocrata* para pernoitar em sua casa.

Um momento depois, soldados cidadãos, em número de sete, pedem-lhe cartuchos; queriam-nos a qualquer preço. "Paciência, meus filhos, vós os tereis." Chama o padre Le Fèvre. "Quantos cartuchos tendes?" — "Restam-me apenas quatro." — "Muito bem", replicou com ar contente, "então que todos sejam satisfeitos." E eles o foram a tal ponto que todos os sete, retirando-se, lhe agradeceram. Bem sei que ele não podia dar o que não tinha, mas queria fazê-lo; ao contrário de Flesselles, que recusava ou enganava.

Ainda que os dias seguintes pertençam menos a meu assunto, deles darei entretanto um breve relato, para facilitar a compreensão de alguns resultados e várias coisas que apenas citei no Discurso.

*Quarta-feira, 15*

Apesar de nossos sucessos, seria de lastimar se os sentimentos dolorosos da véspera não fossem temperados no dia seguinte por algumas dessas ações que, em tempos agitados, tranqüilizam os homens de bem, e prometem-lhes a volta da paz, da justiça e da humanidade.

Reunidos de manhã bem cedo, disseram-nos tudo o que acontecera no interior e em torno da Bastilha, narraram-nos as crueldades de que falei. Alguns pensavam que a Revolução fora conspurcada em sua origem. Esta foi a resposta:

"Apresentai-vos", disse um de nós, "apresentai-vos, Peillon e Geudin: em honra dos bons exemplos, declarai-nos aqui o que a santa humanidade, o que a piedade filial vos inspiraram."

— Como tantos amigos da liberdade — disse o Sr. Peillon [21] — eu fora ao cerco da Bastilha. Quando cheguei, um honesto cidadão saía do pátio; é tomado pelo administrador, prendem-no, ia perecer. Não sei o que fiz, mas sei bem o que senti.

"Cem testemunhas, senhores, vos dirão que prodigalizei minha vida para salvar a do Sr. Gaillard. Ele próprio vos dirá, e eis suas palavras quando o libertei: "Rapaz, Deus nos vê quando fazemos uma boa ação, quando nos jogamos entre a vítima e a arma do assassino. Vai, encontrarás no teu coração a mais doce das recompensas; e se a amizade de um cidadão honesto vale alguma coisa a teus olhos, recebe a que te dedico agora, e até o meu último suspiro." [22]

Pedimos ao jovem Geudin, de dezessete anos, e agora soldado voluntário da Bastilha, que falasse também: "Ah, senhores, imaginai o quanto fiquei infeliz quando vi toda a cidade correr à Bastilha; queriam tudo devastar e matar, e meu pai e meu tio estavam na fortaleza.

---

21 De Grasse, na Provença.

22 O Sr. Peillon declarou-nos, depois que escrevi este artigo, que o Sr. Gaillard, no próprio lugar onde fora salvo, disse-lhe as coisas mais cordiais, mas que as palavras precedentes lhe foram dirigidas por um bravo homem, que o ajudara poderosamente, o Sr. Chaumerville, negociante.

"Deus me guiou e disse-me: 'Toma um fuzil e acompanha os combatentes.' Fora de mim, tomei o fuzil e... fiz como os outros. Forçamos a primeira ponte, íamos logo forçar a outra. Ó meu pai, ó meu tio! foi então, senhores, que a voz de Deus se fez ouvir. Obedeço-lhe pela segunda vez; corro à procura de um casaco, um avental e um grande chapéu.

"Quando voltei, consegui retomar meu lugar. Passada a última ponte, precipitei-me. Vejo meu tio, que me mostra meu pai; ainda se atirava e temo por suas vidas. Vou até meu pai, que empalidece, ele que nunca teve medo: 'Ó meu filho, vai embora. Obedece a teu pai.' Toma minha mão e depois repele-me.

"Digo-lhe duas palavras e ele me conduz a uma cela. Foi lá que, depois de me despir, tirei o uniforme do meu bom pai, vesti-o com o casaco e cobri-o com o chapéu que trouxera. Amarrei-lhe o avental e saímos sem ser reconhecidos. Quem de nós dois, meu pai ou eu, é o mais feliz? Dizei-me, senhores... Não serei eu?"

Falta a essa narrativa, escrita sob o ditado do jovem Geudin, o tom de sua voz e essa simplicidade que assentaria tão bem aos filhos dos favoritos da fortuna.

Todos os fatos desse dia derivam do que aconteceu nos três dias precedentes e são apenas o produto dos primeiros impulsos.

As tropas inimigas se moviam, algumas se retiravam; mas temia-se que fossem contidas e trazidas de volta. Mas isso não era mais possível; o espírito das tropas mudara. Aliás, todos os cidadãos em estado de portar armas e até os anciãos tinham-se reunido durante a noite. Um homem de oitenta e quatro anos, de sentinela, disse ao Sr. Garran de Coulon: "Dizem que vão nos matar; eu os espero: com que prazer ofereço à minha pátria os poucos dias que me restam!"

Os que tinham várias armas as davam a seus vizinhos.

De manhã bem cedo, as ruas e praças encheram-se de grupos belicosos, que enviaram seus representantes à Prefeitura.

Reapareceram os cavaleiros do Arcabuz e os senhores amanuenses da Toga.[23] O Sr. de la Barthe veio oferecer-nos quinze mil homens prontos a marchar, e foi proclamado comandante dos voluntários do Palais-Royal. Foi assim que o bravo Soulès, depois da queda da Bastilha, que íamos destruir, tornou-se o comandante dessa fortaleza.[24]

Essas súbitas promoções, já se sabia, eram apenas passageiras, entretanto exaltavam todos os espíritos. Mal acabavam de ser nomeados, logo pediam ordens e queriam sem demora marchar contra o inimigo; e essa impaciência também tinha seus riscos.

Quanto ao Sr. de la Barthe, o Sr. Moreau de Saint-Méry, nosso presidente, ofereceu-lhe uma espada, dizendo-lhe: "É a pátria que vo-la dá." Recebendo ele essa espada, beija-a e umedece-a com suas lágrimas, jurando, em nome de seus companheiros, vencer ou morrer. Todos diziam o mesmo e sentia-se que seu juramento vinha do coração.

Enquanto isso, uma juventude efervescente e desenfreada fazia no Palais-Royal moções cuja maioria ficou sem efeito: proscreviam ministros e pessoas gradas, e até queriam

---

23 Os senhores do Arcabuz e da Toga serviram de maneira tão ilustre durante a Revolução que a assembléia geral da Comuna lhes fez várias vezes brilhantes elogios. O diário dos Senhores Arcabuzeiros e sua petição à Assembléia nacional, redigida pelo bravo Sr. Ricart, chanceler dessa companhia, e colega nosso, fornecem excelente material para a história do tempo presente.

24 Ainda que o comando do Sr. de Soulès tenha sido apenas de algumas horas, teve ele, nesse curto intervalo, mais aventuras que muitos outros comandantes de fortalezas durante vários anos de guerra. Pode-se, para este assunto, consultar o escrito publicado por ele e nossas atas, nas quais se lhe faz a justiça que merecem seu valor e seu patriotismo.

impor gargalheiras a certos bustos.[25] "Por que tardamos?", disseram alguns; "vamos libertar as nações insolentemente acorrentadas aos pés de um monarca tão fútil e soberbo; quebremos suas correntes, que o próprio bronze se torne livre, e que o destino das estátuas desse homem imortal, do grande carcereiro da Bastilha, ensine aos seus sequazes que os monumentos do orgulho estão sujeitos à morte!"

"Insensatos", responde-lhes o jovem Estienne, "digno descendente desses sábios ilustres, dos quais tem o nome. Então quereis, como os visigodos e os vândalos, mergulhar outra vez na barbárie? Respeitemos as artes e principalmente a memória dos ancestrais desse rei cidadão que o Céu enfim decidiu nos conceder. Vamos antes, meus amigos, reunir-nos aos pés do Bom Henrique!"

Assim, marcham eles, e os mais frenéticos, à vista da estátua desse príncipe popular, prosternam-se e a abençoam; depois, em transportes de amor, eles a coroam, a cercam de guirlandas e lhe põem, assim como no cavalo, o distintivo nacional.

Uma outra moção, mais sensata e de grande importância, foi ainda feita e ratificada nesse famoso jardim. Às onze horas da manhã, o Sr. Villain d'Aubigné, do distrito Feuillants, partiu do Palais-Royal com uma escolta, foi ao correio-geral, onde tomou, com o filho do Sr. barão d'Ogny, as medidas necessárias para que as cartas fossem doravante invioláveis.

E, assim, ajudava-se aos eleitores, e em todas as partes, servia-se à coisa pública. Éramos logo informados desses fatos, que nos edificavam, e não podíamos impedir-nos de dizer que Paris se reformava por si mesmo, que o mesmo espírito movia todos os cidadãos. Com efeito, enquanto o sr. d'Aubigné assegurava o bom funcionamento do correio, outros esperavam os

25 Haviam designado vários: o que prova que não é seguro aceitar estátuas e bustos enquanto se é vivo; mas voltarei a esse assunto.

mensageiros nas barreiras e traziam-nos seus pacotes à medida que chegavam

Logo nossa mesa ficou coberta de cartas timbradas de todo o reino e datadas dos quatro cantos do globo; de modo que, por assim dizer, tínhamos nas mãos os segredos do universo; estes estavam enfim em mãos fiéis e ninguém poderia acusar-nos de ter voluntariamente abusado deles.

Espalha-se o boato de que, durante a noite, ouviram-se em torno da Bastilha vozes queixosas, gemidos surdos; fala-se de masmorras secretas, de que há minas sob a fortaleza para fazê-la ir pelos ares. Diz-se que longos subterrâneos, por onde se podem introduzir tropas, têm diversas saídas que dão para o campo.

O povo e as patrulhas já começavam a ir em massa à Bastilha. Mandamos para lá dois homens decididos, que não haviam temido o fogo dessa praça de guerra: os srs. Ricart e Elie. Guiados por um veterano perfeitamente a par de todas as sinuosidades desse medonho covil, visitaram-lhe os menores recantos, sondaram-lhe as profundezas. Não acharam o que procuravam, mas descobriram bem mais do que supunham, porque não é uma mentira esse calabouço imundo, tão fétido que se sentiram mal.

Paris inteira pôde vê-lo; fui lá no dia seguinte. Do centro de uma enorme pedra situada no meio dessa prisão partia uma grossa corrente capaz de sustentar, não digo um homem, mas o monstro que se quisesse imaginar. Igualmente indignados, nossos dois deputados mandam arrancar essa corrente, desmontar, arrebentar as duplas, triplas portas, serrar as básculas das pontes levadiças; em uma palavra, fazem o que era possível fazer em pouco tempo. Digna e santa expedição!

Grande notícia! Dizem-nos que o rei, por sua própria iniciativa, fora à Assembléia nacional para anunciar que dispensara suas tropas, e que essa augusta assembléia, por um impulso verdadeiramente patriótico, e querendo confundir-se conosco, ia enviar-nos cem deputados.

Estes chegam, nós os recebemos com entusiasmo e eles nos prodigalizam as mais amáveis palavras, o doce nome de irmãos. Estas são as verdadeiras honras! Doravante não queremos outras.

Vinte oradores, que a queda da Bastilha nos trouxera. fizeram ouvir suas vozes eloqüentes. O arcebispo de Paris, tomado do mesmo entusiasmo, levanta-se e propõe um *Te Deum*, que foi, depois da sessão, cantado em Notre Dame, onde tantas outras festas não menos tocantes deviam logo repetir-se.

Imediatamente após essa bela moção do *Te Deum*, uma coroa de louros foi posta sobre a cabeça do arcebispo, que a depositou sobre a do sr. Bailly, que a ofereceu à própria virtude, ao sr. duque de La Rochefoucauld.

Foi então que essa augusta Assembléia, lembrando-se da resolução de 17 de junho e do famoso juramento tão fortemente articulado no Jogo de Péla no dia 20 do mesmo mês por nosso Aristides, lembrando-se das palmas colhidas no Novo Mundo por nosso Cipião americano, proclamou o sr. Bailly prefeito da cidade, e o sr. de La Fayette comandante-geral da guarda nacional.

No trajeto da Prefeitura para Notre Dame, viu-se o padre Le Fèvre que, saindo de seu armazém de pólvora tão negro quanto Vulcano saindo de sua fornalha, dava militarmente o braço ao nosso primeiro pontífice.

Durante essa marcha solene, impressionava ver nosso prefeito nomeado apoiado na multidão pelo bravo Hulin, um dos primeiros vencedores da Bastilha.

Nós nos aproximávamos de Notre Dame, quando cem mil vozes reunidas gritaram: "Viva Bailly! Viva La Fayette e Bailly!" Essas aclamações súbitas o perturbaram e impressionaram; desorientado, não vê mais, não ouve mais. O sr. Hulin o detém, pede-lhe que olhe e escute. Grande Deus! Que comovente espetáculo! Uma multidão de criancinhas de joelhos, de mãos postas, repetindo o seu nome, o chamavam: "Pai! Nosso pai!"

Eram os filhos da Providência, os filhos do Estado, as crianças abandonadas. Esquecendo ao mesmo tempo suas novas funções e a cerimônia, nosso digno chefe precipita-se para esses seres desprezados ao nascer, aperta-os sobre o coração, banha-os com suas lágrimas, que corriam em abundância; promete-lhes, em nome do Ser supremo, ternura, socorro e proteção; derrama em seu seio não o ouro da pátria, mas o pouco ouro que deve a seu gênio e a seu talento.

Tudo, durante esse dia, foi extraordinário, tocante, às vezes sublime; nunca se viu e penso que nunca se verá algo semelhante.

*Quinta-feira, 16*

Dia e noite marchamos a passos de gigante no caminho da liberdade. Os mais tímidos levantavam enfim a cabeça e fixavam com olhos intrépidos as imagens do despotismo, das quais iríamos logo apagar até os menores vestígios.

A Assembléia dos eleitores decide, por unanimidade, que a Bastilha será demolida até os alicerces: [26] era o desejo de todos os distritos, e, há muito, de toda a França. As ameias já caíam por toda parte: o bravo Elie já o havia predito na antevéspera, quando veio oferecer-nos os troféus de sua vitória.

Um de nós, correndo para o escritório, exclamou: "Ah, senhores, salvemos os papéis. Dizem", acrescentou, "que os papéis da Bastilha estão sendo pilhados: apressemo-nos a recolher os restos desses velhos documentos de um despotismo intolerável, para que nossos descendentes lhe tenham horror."

Essas palavras causaram uma viva impressão. Nomearam-se quatro comissários para a tarefa: os srs. Dusaulx, de Chamséru, Gorneau e Cailleau. Chegando perto da Bastilha, aplau-

26 Na terça-feira, 23 de fevereiro de 1790, o distrito de Saint-Louis de la Culture e operários que trabalhavam na demolição da Bastilha apresentaram-nos o modelo dessa fortaleza, feito com uma pedra tirada de seus alicerces.

didos pelo povo que sabia de sua missão, dez ilustres homens de letras, Brizard, Cubières,[27] etc., se jogaram em seus braços, solicitando-lhes que os introduzissem no seio dessa famosa fortaleza, que detestavam há tanto tempo, e cuja aparência desejavam conhecer, antes de sua destruição.

*Sexta-feira, 17*

Tínhamos, durante a noite, deliberado sobre as quarenta mil libras de pólvora, reunidas no armazém da Prefeitura, sob o salão. Nunca uma deliberação foi tão importante: tratava-se, não ds nossa salvação pessoal, mas da conservação de um ente tão querido quanto sagrado.

Onde pôr essa pólvora? O tempo urgia. Consultamos aquele que a guardava, o padre Le Fèvre, a quem nada espanta, nada embaraça: "Eu me encarrego disso", respondeu ele: e o material foi logo transportado para debaixo das arcadas do Hôtel de Soubise.

O rei chega, acompanhado apenas de quatro pessoas de sua corte, escoltado pela guarda burguesa de Versalhes, que entrega Sua Majestade à nossa guarda parisiense. Chega à Prefeitura, passando por trezentos mil homens armados como na véspera e nos dias anteriores; e esse fato eclipsa todos os outros. Ao longo de três quartos de légua, o resto dos cidadãos, em milhares de grupos, postavam-se nas ruas, na frente das casas, nas janelas e até nos tetos. Na ida, gritavam: "Viva a nação!", e, na volta, "Viva o rei!". Este bom rei os contemplava com olhos paternais; acolheu até por várias vezes um de nossos bravos granadeiros, o sr. de Tréfontaines, assinalando aos que tinham a honra de acompanhá-lo sua figura feliz e seu ar marcial.[28]

---

27 O sr. cavaleiro de Cubières, conhecido por seu caráter amável e agradáveis talentos, publicou depois seu livro *Viagem à Bastilha.*

28 O rei, impressionado com a beleza do cavalo montado pelo sr. de Tréfontaines, perguntou-lhe de onde vinha o cavalo: "De vossas estrebarias,

As lanças, os dardos, os forcados e os farrapos da bandeira da Bastilha flutuando à sua passagem, longe de alterar sua serenidade, deram-lhe à augusta fronte um caráter cívico absolutamente estranho à maioria de nossos monarcas. Sua singeleza e sua segurança, sinais certos de sua retidão, tornaram-se para nós a garantia da liberdade que acabávamos de conquistar.

Descendo da viatura e prestes a subir à Prefeitura, Sua Majestade recebe com emoção o distintivo nacional. Entra, escoltado por novos guardas, aliás desnecessários; e os representantes da nação, misturados aos eleitores, o proclamam a uma voz monarca legítimo, regenerador da nação francesa.

O rei se entregava a nós, abandonava-se a todos. Beijavam-lhe as mãos, e até os vestígios de seus passos: a toda hora redobravam-se as manifestações de amor e gratidão. O povo, do lado de fora, respondia às nossas aclamações: queria ver o rei, e o rei se mostrou.

"Requeiro", disse o sr. de Corny, "que este dia memorável seja consagrado com o projeto de uma estátua erigida em honra a Luís XVI, regenerador da liberdade nacional, restaurador da prosperidade pública e pai do povo francês."

A elevação da estátua do rei, no local da Bastilha, foi decidida unanimemente.

Sua Majestade pediu que os detalhes dessa augusta sessão, bem diferente de todas as *sessões reais* e de todos os *lits de*

---

Majestade, e terei o cuidado de devolvê-lo. — "Ficai com ele, eu vo-lo dou."

Um de nós, pouco tempo depois, teve motivo de muita gratidão para com esse homem digno. O eleitor de que se trata, encarregado pelo prefeito de fazer o sorteio de uma de nossas loterias, teve a idéia de perorar contra esse abuso, que já havia combatido num livro intitulado *Da paixão do jogo, dos tempos antigos aos nossos dias*. O orador fez bastante sensação para que vários assistentes retirassem suas apostas, o que irritou certos funcionários. Em pouco tempo, um grande número de pessoas se aglomeravam. O sr. de Tréfontaines, que estava de guarda, protegeu o eleitor e tirou-o dessa situação muito perigosa.

*justice*, dos quais por tanto tempo se abusou, fossem sem tardar mandados imprimir.

*Sábado, 18*

É de notar-se que, mesmo entre os partidários da Revolução, não se tenha insistido mais sobre o que parece ter-lhe confirmado o sucesso. Quando as circunstâncias em que nossos dois primeiros chefes foram designados e confirmados forem mais bem esclarecidas, ver-se-á talvez que a prudência e a sabedoria concorreram igualmente para essa dupla escolha, pois não foi por acaso que foram nomeados: o público os conhecia e os desejava. Certamente, tínhamos necessidade, em semelhante conjuntura, desses dois homens honestos e experimentados, tão admiráveis por seus costumes quanto pelos recursos de seu espírito e a dignidade de seu caráter. Os srs. Bailly e La Fayette, designados três dias antes para as temíveis funções que exerceram com tanta coragem, inteligência e sucesso, foram aprovados pelo rei, um na qualidade de prefeito, outro na de comandante-geral. Mas eles nos declararam que desejariam ser legalmente eleitos pelos distritos. Esses cuidados e esse respeito para com as novas leis obtiveram os aplausos que mereciam; e logo foram nomeados por unanimidade.

Quanto aos eleitores, que se desdobraram dia e noite em funções perigosas, que tinham sido voluntariamente escravos de seus deveres para que os outros se tornassem livres; satisfeitos de ter provocado em Paris a Revolução, de ter corrido os riscos e carregado o fardo; de ter, por sua própria vontade, e no meio da dissolução de todos os poderes, impedido os grandes excessos da anarquia e amparado o Estado à beira do abismo; satisfeitos de ter, nesses tempos tormentosos, estabelecido formas provisórias cuja feliz influência ainda se faz sentir, e suficientemente recompensados de seu patriotismo pelo testemunho de sua consciência, os eleitores declararam que, tendo suas funções temporárias sido prolongadas exclusivamente no interesse da salvação da pátria, era tempo de que lhes dessem sucessores mais autênticos.

A pátria lamenta sua partida, mas considerou-os e considera-os ainda como seus salvadores e libertadores.

Esses dias famosos, tão fecundos em acontecimentos mais verdadeiros que verossímeis, dos quais tracei apenas o resumo, valerão como Anais, quando um Brizard [29] ou um Tácito, que logo florescerão sob a égide das santas leis que se preparam, tiverem recolhido tudo o que é preciso para registrá-los.

---

[29] O sr. padre Brizard, cidadão convicto, e um dos raros escritores dos quais não se desejaria apagar uma única linha, é autor de um *Elogio do ilustre padre de Mably*, que o amava e estimava singularmente; do livro intitulado *Do Massacre da Noite de São Bartolomeu*, etc.

# Cronologia

| | |
|---|---|
| **1780** | |
| | Mirabeau publica *Das "ordens régias" e das prisões do Estado.* |
| **1784** | |
| | Beaumarchais leva ao palco *As bodas de Fígaro.* |
| **1787** | |
| fevereiro–maio | Assembléia dos notáveis, que exige a convocação dos Estados Gerais e recusa qualquer reforma fiscal. |
| julho | O parlamento exige a convocação dos Estados Gerais e recusa o reconhecimento dos editos financeiros. |
| agosto–setembro | Exílio e volta do parlamento. |
| novembro | Promessa do governo de convocar os Estados Gerais em 1792.<br>Motins em Paris. |
| **1788** | |
| janeiro | O parlamento condena as "ordens régias'. |
| maio | Diante da oposição aristocrática, o governo decide enfraquecer o parlamento tirando–lhe suas principais atribuições.<br>Motins estouram em numerosas cidades. |
| junho | O clero socorre o parlamento.<br>"Jornada dos Telhados", em Grenoble, dia 7. |

| | |
|---|---|
| agosto | O governo anuncia a convocação dos Estados Gerais para 1.º de maio de 1789. |
| setembro | Manifestações por ocasião do restabelecimento do parlamento. O parlamento pronuncia-se pela reunião dos Estados Gerais segundo as formas tradicionais. Formação da Sociedade dos Trinta e do "partido nacional". |
| dezembro | Reunião em Versalhes de uma segunda Assembléia dos notáveis. O governo decide a duplicação do Terceiro Estado mas não se pronuncia sobre o voto. |
| **1789** | |
| fevereiro–maio | Sieyès publica *O que é o Terceiro Estado?*<br>Redação dos cadernos de queixas e eleições para os Estados Gerais.<br>Alta máxima dos preços.<br>Motins dos pobres em toda a França.<br>Motim contra a fábrica Reveillon no subúrbio Saint-Antoine (27–28 de abril).<br>Abertura dos Estados Gerais em Versalhes (5 de maio). |
| junho | Motins e saques prosseguem. As tentativas de conciliação entre as três ordens fracassam; o Terceiro Estado se proclama Assembléia nacional. Os esforços de intimidação contra a Assembléia resultam no Juramento do Jogo de Péla (dia 20). Em uma sessão real, o rei cassa todas as decisões da Assembléia, que se recusa a submeter-se (dia 23).<br>O rei ordena às três ordens que se reúnam, e que as tropas se concentrem em torno de Paris e Versalhes, enquanto os guardas franceses se amotinam. |
| julho | A Assembléia exige em vão a dispensa das tropas. Demissão de Necker (dia 11), conhecida em Paris dia 12; a multidão se reúne e um regimento a ataca nas Tuileries.<br>Na noite do dia 13, incêndio nas barreiras de Paris e, de manhã, saque do convento Saint-Lazare.<br>Dia 13, os eleitores reunidos na Prefeitura nomeiam um "comitê" e decidem a formação de uma milícia.<br>O preço do trigo atinge o recorde.<br>Dia 14, tomada dos Invalides e depois, da Bastilha; o administrador da fortaleza é massacrado. |

| | |
|---|---|
| | Dia 16, o rei demite os ministros impopulares, chama Necker, dá às tropas que cercam Paris ordem de retirada.<br>Dia 17, o rei apresenta-se, como vencido, à Prefeitura de Paris e confirma a nomeação de Bailly como prefeito e de La Fayette como comandante da guarda nacional.<br>Dia 23, cenas sangrentas ainda acontecem: o intendente de Paris e seu genro são assassinados. |
| agosto | Enquanto o Grande Medo se espalha pela França, a Assembléia (dia 4) liquida os privilégios e direitos feudais. Dia 26, vota a Declaração dos Direitos do Homem e do Cidadão. |
| outubro | As jornadas de 5 e 6 de outubro, quando os parisienses atacam o rei em seu palácio de Versalhes, decidem a instalação de Luís XVI em Paris, onde este se considera prisioneiro. |

# Orientação bibliográfica

Dar uma bibliografia, mesmo sumária, sobre uma questão que fez correr rios de tinta, exigiria todo um volume e iria além da intenção da coleção e do autor. Indicaremos apenas algumas obras, entre as mais recentes, que permitirão ao leitor completar sua informação ou tomar conhecimento de outras abordagens ou interpretações.

Sobre a formação da lenda da Bastilha:

Cottret, M., *La Bastille à prendre, Histoire et mythe de la forteresse royale*, PUF, 1986.

Quétel, C., *De par le Roy, Essais sur les lettres de cachet*, Privat, 1981.

A queda da Bastilha:

Flammermont, J., *La journée du 14 juillet 1789*, Paris, 1972.

Godechot, J., *La prise de la Bastille*, Gallimard, 1965.

Mistler, J., *Le 14 juillet 1789*, Paris, 1963.

Rudé, G., *La foule dans la Révolution française*, Maspero, 1982.

Sobre a repercussão do 14 de julho na Europa, pode-se consultar uma velha obra sempre útil:

Sorel, A., *L'Europe et la Révolution française*, 1894–1905.

E entre as publicações recentes:

*La Révolution française vue par les Allemands*, textos traduzidos (para o francês) e apresentados por Joël Lefebvre, Presses Universitaires de Lyon, 1987.

As comemorações suscitaram e suscitam atualmente uma ampla reflexão, às vezes polêmica; citaremos duas obras de qualidade exemplar:

Ozouf, M., *La fête révolutionnaire,* Gallimard, 1976.
Sanson, R., *Le 14 juillet, fête et conscience nationale,* Flammarion, 1976.

O leitor interessado nas fontes, e especialmente nos relatos das testemunhas da queda da Bastilha, os encontrará na obra citada de Jacques Godechot. Para situar a queda da Bastilha no conjunto do processo revolucionário, pode-se recorrer às grandes histórias da Revolução, as do século XIX, como as do século XX:

Thiers, A., *Histoire de la Révolution française,* 1823.
Mignet, F.A.M., *Histoire de la Révolution française,* 1824.
Lamartine, A. de, *Histoire des Girondins,* 1847, e R. Laffont, 1987.
Michelet, J., *Histoire de la Révolution française,* 1847–1853, e R. Laffont, 1979.
Blanc, L., *Histoire de la Révolution française,* 1847–1862.
Tocqueville, A. de, *L'Ancien Régime et la Révolution,* 1856, e Gallimard, 1952–53.
Quinet, E., *La Révolution,* 1865, e Berlim, 1987.
Taine, H., *Les origines de la France contemporaine,* 1875–1893, e R. Laffont, 1986.
Aulard, A., *Histoire politique de la Révolution française,* A. Colin, 1903.
Jaurès, J., *Histoire socialiste de la Révolution française,* 1901–1908, e Ed. Sociales, 1970.
Mathiez, A., *La Révolution française,* Colin, 1922–1927 e 1952.
Lefebvre, G., *La Révolution française,* 1930, e PUF, 1957.
Gaxotte, P., *La Révolution française,* nova edição Complexe, 1988.
Furet, F., e D. Richet, *La Révolution,* Hachette, 1965–1966.
Sutherland, D., *France* 1789–1815. *Revolution and Counterrevolution,* Fontana, 1985.

Entre as obras mais recentes, pode-se ler também:

Gérard, A., *La Révolution française. Mythes et interprétations,* (1789–1970), Flammarion, 1970.
Cobban, A., *Le sens de la Révolution française,* Julliard, 1984.
Doyle, W., *Origins of the French Revolution,* Oxford, 1980.
Tackett, T., *La Révolution, l'Eglise, la France,* Cerf, 1986.
Blanning, T.C.W., *The French Revolution. Aristocrats versus Bourgeois,* Macmillan, 1987.

Sedillot, C.R., *Le coût de la Révolution française,* Perrin, 1987.
Aftalion, F., *L'économie de la Révolution française,* Hachette, 1987.
Lebrun, F., e R. Dupuy, *Les Résistances à la Révolution,* Imago, 1987.
Solé, J., *La Révolution en questions,* Seuil, 1988. [Ed. bras.: *A revolução francesa em questões.* Rio, Jorge Zahar, 1989.]

# Índice Onomástico